对接世界技能大赛技术标准创新系列教材
技工院校一体化课程教学改革汽车维修专业教材

汽车维护教师用书

人力资源社会保障部教材办公室　组织编写

中国劳动社会保障出版社

内容简介

本套教材为对接世赛标准深化一体化专业课程改革汽车维修专业教材，学习内容对接世赛汽车技术、车身修理、汽车喷漆项目，学习目标融入世赛要求，考核标准对接世赛技能标准，考核评价方法参照世赛评分方案，并设置了世赛知识栏目。

本书为《汽车维护》的配套教师用书，在《汽车维护》的基础上增加了引导问题的参考答案（教学建议），并给出了学习任务设计方案和教学活动策划表，内容丰富、实用，有助于教师更好地开展一体化教学。

图书在版编目（CIP）数据

汽车维护教师用书 / 人力资源社会保障部教材办公室组织编写 . -- 北京：中国劳动社会保障出版社，2022

对接世界技能大赛技术标准创新系列教材　技工院校一体化课程教学改革汽车维修专业教材

ISBN 978-7-5167-5359-0

Ⅰ. ①汽…　Ⅱ. ①人…　Ⅲ. ①汽车 – 车辆修理 – 技工学校 – 教学参考资料　Ⅳ. ①U472

中国版本图书馆 CIP 数据核字（2022）第 084920 号

中国劳动社会保障出版社出版发行

（北京市惠新东街 1 号　邮政编码：100029）

*

北京市白帆印务有限公司印刷装订　　新华书店经销

880 毫米 ×1230 毫米　16 开本　12.75 印张　295 千字

2022 年 9 月第 1 版　　2022 年 9 月第 1 次印刷

定价：35.00 元

读者服务部电话：（010）64929211/84209101/64921644

营销中心电话：（010）64962347

出版社网址：http: //www.class.com.cn

http: //jg.class.com.cn

对接世界技能大赛技术标准创新系列教材

编审委员会

主　任：刘　康

副主任：张　斌　王晓君　刘新昌　冯　政

委　员：王　飞　翟　涛　杨　奕　张　伟　赵庆鹏

姜华平　杜庚星　王鸿飞

汽车维修专业课程改革工作小组

课 改 校：杭州技师学院　重庆五一技师学院

云南交通技师学院　山东工程技师学院　广东省机械技师学院

广州市工贸技师学院　山西交通技师学院　大连交通技师学院

广州市交通技师学院　江苏省盐城技师学院

技术指导：郭七一

编　　辑：马　琳

本书编审人员

主　编：武　彤

参　编：王东光　杨　洋　李　铭　车成通　张文娟　刘晓明

马立云　楚春红

主　审：张广昕　公茂金

序

世界技能大赛由世界技能组织每两年举办一届，是迄今全球地位最高、规模最大、影响力最广的职业技能竞赛，被誉为“世界技能奥林匹克”。我国于2010年加入世界技能组织，先后参加了五届世界技能大赛，累计取得36金、29银、20铜和58个优胜奖的优异成绩。第46届世界技能大赛将在我国上海举办。2019年9月，习近平总书记对我国选手在第45届世界技能大赛上取得佳绩作出重要指示，并强调，劳动者素质对一个国家、一个民族发展至关重要。技术工人队伍是支撑中国制造、中国创造的重要基础，对推动经济高质量发展具有重要作用。要健全技能人才培养、使用、评价、激励制度，大力发展技工教育，大规模开展职业技能培训，加快培养大批高素质劳动者和技术技能人才。要在全社会弘扬精益求精的工匠精神，激励广大青年走技能成才、技能报国之路。

为充分借鉴世界技能大赛先进理念、技术标准和评价体系，突出“高、精、尖、缺”导向，促进技工教育与世界先进标准接轨，完善我国技能人才培养模式，全面提升技能人才培养质量，人力资源社会保障部于2019年4月启动了世界技能大赛成果转化工作。根据成果转化工作方案，成立了由世界技能大赛中国集训基地、一体化课改学校，以及竞赛项目中国技术指导专家、企业专家、出版集团资深编辑组成的对接世界技能大赛技术标准深化专业课程改革工作小组，按照创新开发新专业、升级改造传统专业、深化一体化专业课程改革三种对接转化原则，以专业培养目标对接职业描述、专业课程对接世界技能标准、课程考核与评价对接评分方案等多种操作模式和路径，同时融入健康与安全、绿色与环保及可持续发展理念，开发与世界技能大赛项目对接的专业人才培养方案、教材及配套教学资源。首批对接 19 个世界技能大赛项目共 12 个专业的成果将于 2020—2021 年陆续出版，主要用于技工院校日常专业教学工作中，充分发挥世界技能大赛成果转化对技工院校技能人才的引领示范作用。在总结经验及调研的基础上选择新的对接项目，陆续启动第二批等世界技能大赛成果转化工作。

希望全国技工院校将对接世界技能大赛技术标准创新系列教材，作为深化专业课程建设、创新人才培养模式、提高人才培养质量的重要抓手，进一步推动教学改革，坚持高端引领，促进内涵发展，提升办学质量，为加快培养高水平的技能人才作出新的更大贡献！

2020年11月

汽车维修专业一体化教学参考书目录（中级阶段）

序号	书名
1	汽车文化（第二版）
2	机械识图（第四版）
3	机械基础（第四版）
4	电工与电子技术基础（第四版）
5	汽车材料（第四版）
6	钳工技能训练（第四版）
7	汽车维修企业管理（第二版）
8	汽车发动机构造与维修（第二版）
9	汽车底盘构造与维修（第二版）
10	汽车电气设备构造与维修（第二版）
11	汽车维护与故障诊断（第三版）
12	汽车构造（第三版）
13	汽车维护
14	汽车空调
15	汽车电气设备（第二版）
16	汽车维修技术手册

目　　录

学习任务一　新车交接检查……（1）
学习活动 1　汽车维修企业岗位认知……（4）
学习活动 2　汽车整车认知……（13）
学习活动 3　新车检查前准备……（19）
学习活动 4　新车检查作业——车内作业……（23）
学习活动 5　新车检查作业——车外作业……（30）
学习活动 6　工作总结与评价……（34）
学习任务二　汽车首次维护……（37）
学习活动 1　维护接待工作……（40）
学习活动 2　首次维护准备工作……（47）
学习活动 3　首次维护车辆外部检查……（60）
学习活动 4　首次维护发动机舱检查与维护……（67）
学习活动 5　首次维护车舱内检查与维护……（89）
学习活动 6　首次维护车底检查与维护……（110）
学习活动 7　工作总结与评价……（127）
学习任务三　汽车 40 000 km 维护……（131）
学习活动 1　查找 40 000 km 新增维护项目……（134）
学习活动 2　实施 40 000 km 新增维护项目……（138）
学习活动 3　工作总结与评价……（160）
学习任务四　汽车季节性维护……（163）
学习活动 1　夏季车况特点与维护……（165）
学习活动 2　冬季车况特点与维护……（171）
学习活动 3　工作总结与评价……（175）
附录……（178）
附录 1　新车交接检查设计方案……（178）
附录 2　汽车首次维护设计方案……（183）
附录 3　汽车 40 000 km 维护设计方案……（188）
附录 4　汽车季节性维护设计方案……（191）

学习任务一　新车交接检查

学习目标

1. 能通过走访客户或查阅资料等方法，了解汽车维修企业的类型和特点。
2. 能调研汽车维修企业，了解汽车维修企业的业务范围。
3. 能识别工作环境的安全标志。
4. 能严格遵守安全规章制度，规范穿戴工作服和劳动防护用品。
5. 能了解企业环保要求，树立正确的废弃物处理观念。
6. 能按照“6S”现场管理要求，对一体化学习工作站的工具、设备、场地等进行管理。
7. 能查找相关国家标准，了解汽车的定义、分类标准、类型等信息。
8. 能对照实际车辆，描述汽车总体构造和部件功能。
9. 能识读交车前检查单，并查阅车辆使用手册，列举新车检查的内容与作业流程。
10. 能描述新车检查作业所需的材料、工具、量具、仪器、设备的名称、种类、用途和使用方法，并能正确使用。
11. 能按照新车检查项目，在规定时间内进行汽车外观和功能检查。
12. 能主动获取有效信息，展示工作成果，对学习与工作进行总结及反思。
13. 能与他人进行有效沟通及合作。

48 学时

工作情境描述

新车在售出前，需要进行车辆交付前的外观、性能等检查，确认新车是否符合交付要求。经派工，某维修工人接受新车检查任务，准备相关的工具和表格，在规定的交车时间内完成相应项目的检查，确认各项功能是否正常，填写表格并签字，确保车辆符合出厂标准。

工作流程与活动

学习活动 1　汽车维修企业岗位认知（4 学时）

学习活动 2　汽车整车认知（6 学时）

学习活动 3　新车检查前准备（4 学时）

学习活动 4　新车检查作业——车内作业（24 学时）

学习活动 5　新车检查作业——车外作业（6 学时）

学习活动 6　工作总结与评价（4 学时）

思维导图

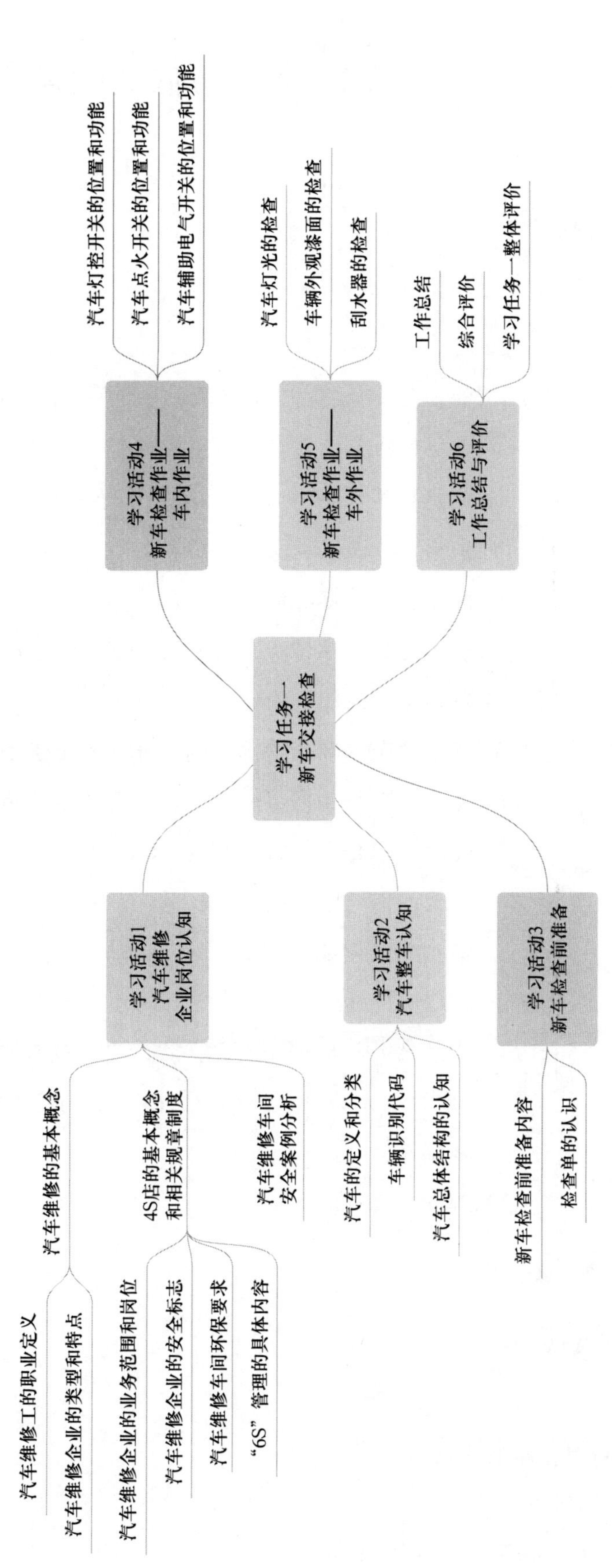
学习任务一
新车交接检查
学习活动1
汽车维修
企业岗位认知
汽车维修的基本概念
汽车维修工的职业定义
汽车维修企业的类型和特点
4S店的基本概念
和相关规章制度
汽车维修企业的业务范围和岗位
汽车维修企业的安全标志
汽车维修车间环保要求
“6S”管理的具体内容
汽车维修车间
安全案例分析
学习活动2
汽车整车认知
汽车的定义和分类
车辆识别代码
汽车总体结构的认知
学习活动3
新车检查前准备
新车检查前准备内容
检查单的认识
学习活动4
新车检查作业——
车内作业
汽车灯控开关的位置和功能
汽车点火开关的位置和功能
汽车辅助电气开关的位置和功能
学习活动5
新车检查作业——
车外作业
汽车灯光的检查
车辆外观漆面的检查
刮水器的检查
学习活动6
工作总结与评价
工作总结
综合评价
学习任务一整体评价

学习活动1　汽车维修企业岗位认知

1. 能通过走访客户或查阅资料等方法，了解汽车维修企业的类型和特点。

2. 能调研汽车维修企业，了解汽车维修企业的业务范围、服务流程、设施和设备等内容。

3. 能识别工作环境的安全标志。

4. 能严格遵守安全规章制度，规范穿戴工作服和劳动防护用品。

5. 能了解企业环保要求，树立正确的废弃物处理观念。

6. 能查阅资料，掌握“6S”现场管理要求和内涵。

7. 能按照“6S”现场管理要求，对一体化学习工作站的工具、设备、场地等进行管理。

8. 能主动获取有效信息，展示工作成果，对学习与工作进行总结及反思。

9. 能总结并归纳调研内容，撰写岗位认知调研报告。

10. 能以小组为单位，按照“6S”现场管理要求互相进行检查和评价。

建议学时　4学时

一、汽车维修的基本概念

1. 汽车维修工的职业定义

查阅资料，写出汽车维修工的职业定义。

使用工具、夹具、量具、仪器、仪表、检修设备，维护、修理及调试汽车和特种车辆的人员。

2. 汽车维修企业的类型和特点

（1）常见的汽车维修企业有汽车 4S 店、综合性维修厂、汽车快修店（路边店）。

（2）汽车维修企业可按照表 1-1-1 中的三种分类方式进行分类，其定义和主要特点见表 1-1-1。

表 1-1-1　汽车维修企业的定义和主要特点

分类方式	汽车维修企业名称	定义和主要特点
按照行业管理分类	汽车整车维修企业（一类、二类汽车维修企业）	一类汽车维修企业： 是指从事汽车大修和总成修理生产的企业，也可从事汽车维护、汽车小修和汽车专项修理生产 二类汽车维修企业： 是指从事汽车一级、二级维护和汽车小修生产的企业
	汽车专项维修业户（三类汽车维修企业）	专门从事汽车专项修理（或维护）生产的企业和个体户
按照经营形式分类	3S 或 4S 特约维修站	3S 特约维修站： 3S 是整车销售（sale）、零配件供应（sparepart）、售后服务（service）三个英文单词的字头缩写。3S 特约维修站是指将这三项功能集于一体的汽车服务企业 4S 特约维修站： 4S 是整车销售（sale）、零配件供应（sparepart）、售后服务（service）、信息反馈（survey）四个英文单词的字头缩写。4S 特约维修站又称汽车 4S 店，是指将这四项功能集于一体的汽车服务企业
	连锁经营店	汽车快修连锁经营店是指在总部的统一管理下，按照统一的经营模式，经营同一类商品或者从事服务的若干企业
按照经营项目分类	现在汽车维修企业的经营项目一般包括：发动机专修、电气专修、底盘专修、钣金喷漆专修等	

注：“定义和主要特点”一栏主要从经营业务范围、设施条件、专用设备规格和数量、主要检测设备条件、人员素质和数量、服务规范程度、维修质量保证、维修价格等方面进行描述。

二、4S 店的基本概念和相关规章制度

根据 4S 的含义补全表 1-1-2 的内容。

表 1-1-2　　4S 的含义

序号	英文单词	含义
1	sale	整车销售
2	sparepart	零配件供应
3	service	售后服务
4	survey	信息反馈

1. 汽车维修企业的业务范围和岗位

（1）汽车维修企业的业务包括汽车机电维修、___汽车钣金喷漆___、保险理赔鉴定等。

（2）在汽车维修企业中有许多岗位，如企业负责人、___维修工人___、服务顾问、质检员和___调度员___、汽车配件管理员等。

2. 汽车维修企业的安全标志

在汽车维修企业生产车间等工作场所中设置有醒目的标志，以提醒员工正确做好安全防护工作。试写出表 1-1-3 中各安全标志的含义。

表 1-1-3　　安全标志的含义

序号	图形符号	含义
1	5	限速 5 km/h
2		禁止烟火
3		禁止吸烟

续表

序号	图形符号	含义
4		禁止佩戴心脏起搏器者靠近
5		禁止合闸
6		注意安全
7		当心滑倒
8		当心触电
9		当心高温表面
10		当心中毒

续表

序号	图形符号	含义
11		当心腐蚀
12		当心机械伤人
13		当心扎脚
14		当心爆炸
15		当心碰头
16		必须穿防护服

续表

序号	图形符号	含义
17		必须戴防毒面具
18		必须戴防尘口罩
19		必须戴防护眼镜
20		必须穿防护鞋
21		可动火区
22	 紧急出口	紧急出口

3. 汽车维修车间环保要求

（1）认真贯彻执行“预防为主，防治结合，综合治理”的环境保护方针，遵守《中华人民共和国环境保护法》《中华人民共和国大气污染防治法》《中华人民共和国环境噪声污染防治法》等有关环境保护的法律、法规和标准。

（2）应有废油、废液、废气、废蓄电池、废轮胎和垃圾等有害物质集中收集、有效处理和保持环境整洁的环境保护管理制度。

（3）有害物质存储区域应界定清楚，必要时应有隔离、控制措施。

（4）涂漆车间应设有专用的废水排放及处理设施，采用干打磨工艺的，应有粉尘收集装置和除尘设备，应设有通风设备。

（5）调试车间和调试工位应设置汽车尾气收集净化装置。

（6）应定期进行环境保护教育和环保常识培训，教育职工严格执行各种工艺流程、工艺规范和环境保护制度。

（7）严格执行汽车排放标准，全面实施在用车辆的检查/维护制度（I/M 制度），控制在用车辆的排放污染，在维修作业过程中，严禁使用不合格的消声装置。

（8）车辆竣工出厂前，要严格检查车辆尾气排放和噪声指标，对尾气排放和噪声指标不符合国家标准的，不得出厂。

4. “6S”管理的具体内容

根据“6S”的含义补全表 1-1-4 的内容。

表 1-1-4 “6S”的含义

序号	项目	含义
1	整理（SEIRI）	将工作场所的所有物品区分为有用品和无用品，除了有用的留下来，其他的都清除掉
2	整顿（SEITON）	把留下来的必要用的物品依规定位置摆放，放置整齐并加以标示
3	清扫（SEISO）	将工作场所内看得见与看不见的地方清扫干净，保持工作场所干净，创造良好的工作环境
4	清洁（SEIKETSU）	将整理、整顿、清扫进行到底，并且制度化，经常保持环境处在整洁美观的状态
5	素养（SHITSUKE）	每位成员养成良好的习惯，并遵守规则做事，培养积极主动的精神
6	安全（SECURITY）	重视成员安全教育，时刻树立安全第一的观念，防患于未然

三、汽车维修车间安全案例分析

在汽车维修企业中，大部分的安全隐患会引起火灾，给企业带来不可挽回的损失。试分析下列三个案例，并回答问题。

案例一：脏乱差的汽车维修车间容易引发安全事故。2020年年初，山西一家汽修厂着火，与以往所报道的汽修厂失火不同，这次火灾并非是烤漆房失火，而是因汽修厂内的工作区域划分不清，乱堆乱放引起的。该汽修厂工人在进行汽车零件焊接时，火星不慎溅入旁边一汽油盆内，导致汽油盆起火，工人在使用灭火器实施灭火时不慎将汽油盆打翻，流淌火将货架上的塑料配件引燃，从而发生火灾。

案例二：一些汽修厂没有按照维修车间的安全管理规定办事，电气设备不符合防爆要求，电气线路敷设不规范，如喷漆等车间安装不防爆的开关、熔断器、插座等可能产生火花的电器，电气线路未加耐酸的套管保护等。甚至有的汽修厂配电箱设置在存放汽油、香蕉水的仓库内，库房内连接空气压缩机、电焊机的电线都是临时拉接的，一些小型汽修厂配电盘没有设置电气保护装置，只设置普通刀开关，图方便省事没有盖上刀开关盒盖，极易引起电气火灾。

案例三：一些小型汽修厂没有配置灭火器，有一些汽修厂虽然配置了灭火器，但由于负责人没有落实好消防器材保养、维修制度，大部分灭火器失效或达到灭火器报废年限。相关负责人和操作人员安全意识淡薄，对于一些基本的消防法律、法规和基本的防火、用电等常识知之甚少，不知道相应的消防器材管理规定和使用方法，从而极易引起火灾。

认真阅读汽车维修企业安全生产制度，对照上述案例，列举各案例中不符合安全生产制度的内容。

案例一：

（1）工作区域划分不清。

（2）乱堆乱放。

（3）工人缺乏安全培训。

案例二：

（1）电气设备不符合防爆要求。

（2）电气线路敷设不规范。

案例三：

（1）没有落实好消防器材保养、维修制度。

（2）安全意识淡薄。

（3）对基本的防火、用电常识知之甚少，不知道相应的消防器材管理规定和使用方法。

四、学习过程评价

学习过程评价见表 1–1–5。

表 1–1–5　　学习过程评价表

<table>
<tr><td>班级</td><td></td><td>姓名</td><td></td><td>学号</td><td></td><td>日期</td><td>年　月　日</td></tr>
<tr><th>序号</th><th colspan="5">评价要点</th><th>配分</th><th>得分</th><th>总评</th></tr>
<tr><td>1</td><td colspan="5">能正确识读及填写工作页，明确学习活动要求</td><td>10</td><td></td><td rowspan="12">A□（86 ~ 100）
B□（76 ~ 85）
C□（60 ~ 75）
D□（60 以下）</td></tr>
<tr><td>2</td><td colspan="5">能查阅资料，写出汽车修理工的职业定义与汽车维修企业的分类</td><td>10</td><td></td></tr>
<tr><td>3</td><td colspan="5">能查阅资料，写出 4S 的含义</td><td>5</td><td></td></tr>
<tr><td>4</td><td colspan="5">能查阅资料，写出汽车维修企业的业务范围和岗位</td><td>10</td><td></td></tr>
<tr><td>5</td><td colspan="5">能查阅资料，写出汽车维修企业安全标志所代表的含义</td><td>10</td><td></td></tr>
<tr><td>6</td><td colspan="5">能查阅资料，写出汽车维修车间环保要求和处理废弃物的方法</td><td>10</td><td></td></tr>
<tr><td>7</td><td colspan="5">能查阅资料，写出汽车维修车间“6S”管理规定的含义</td><td>5</td><td></td></tr>
<tr><td>8</td><td colspan="5">能查阅资料，对车间安全隐患进行简要分析</td><td>10</td><td></td></tr>
<tr><td>9</td><td colspan="5">能遵守劳动纪律，以积极的态度接受工作任务</td><td>10</td><td></td></tr>
<tr><td>10</td><td colspan="5">能积极参与小组讨论，发挥团队合作精神</td><td>10</td><td></td></tr>
<tr><td>11</td><td colspan="5">能及时完成教师布置的任务</td><td>10</td><td></td></tr>
<tr><td colspan="6">总　分</td><td>100</td><td></td></tr>
<tr><td>小结
建议</td><td colspan="8"></td></tr>
</table>

学习活动 2　汽车整车认知

学习目标

1. 能查找相关国家标准，了解汽车的定义。
2. 了解汽车的分类标准并掌握汽车的类型。
3. 能对照实际车辆，掌握汽车的总体构造和部件功能。
4. 能描述汽车各功能开关的名称、位置和功用。
5. 能与他人进行有效沟通及合作。

建议学时　6 学时

学习过程

一、汽车的定义和分类

请查阅国家标准《汽车和挂车类型的术语和定义》（GB/T 3730.1—2001），了解汽车的定义，并回答下列问题。

1. 根据对汽车定义的解读，判断图 1-2-1 中＿＿c、d、f＿＿属于汽车。

a）

b）

c）

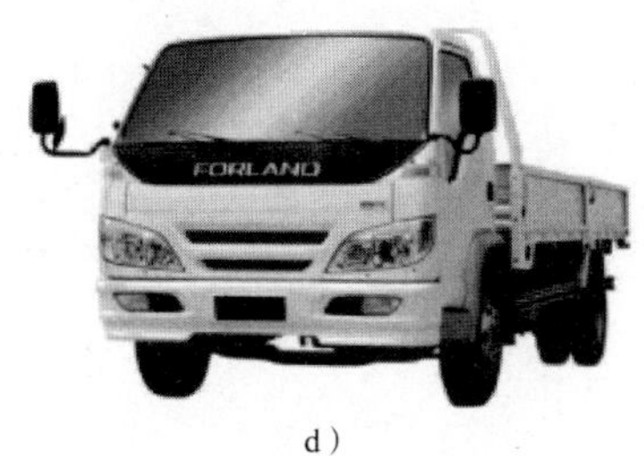

d）

e）

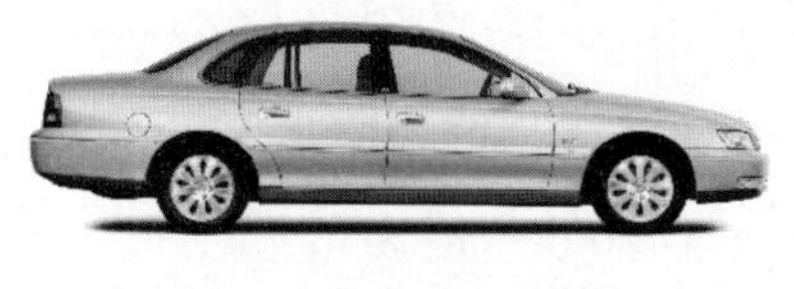

f）

图 1-2-1　各类型车辆

2. 在表 1–2–1 中填写汽车、挂车和汽车列车的定义。

表 1–2–1 汽车、挂车和汽车列车的定义

车型	定　义
汽车	由动力驱动，具有四个或四个以上车轮的非轨道承载的车辆
挂车	就其设计和技术特性需由汽车牵引，才能正常使用的一种无动力的道路车辆
汽车列车	一辆汽车与一辆或多辆挂车的组合

3. 乘用车和商用车的区别是什么?

（1）用途不同：乘用车通常是私人家用为主；商用车多由单位购买，主要是为了运输货物或人员使用的。

（2）定义不同：乘用车是轿车和 9 座以下的主要用于乘坐的汽车，含 SUV（运动型多用途汽车，sport utility vehicle）、MPV（多用途汽车，multipurpose vehicles）、赛车及家用皮卡等；商用车是指所有的货车、专用车、工程车辆、9 座以上的所有客车以及拖拉机、农用车等。乘用车是在其设计和技术特性上主要用于载运乘员及其随身行李或临时物品的汽车，包括驾驶员座位在内最多不超过 9 个座位。

4. 根据汽车的分类补全表 1–2–2 的内容。

表 1–2–2 汽车的分类

分类形式	具体类型
燃料不同	汽油车、柴油车、气体燃料车、新能源汽车
汽车发动机不同	汽油机、柴油机和气体燃料发动机
驱动方式不同	前轮驱动、后轮驱动、全轮驱动

二、车辆识别代码①

车辆识别代码应由三个部分组成：第一部分是世界制造厂识别代号（world manufacturer identifier，WMI），第二部分是＿车辆说明部分＿（vehicle descriptor section，VDS），第三部分是车辆指示部分（vehicle indicator section，VIS）。

① 本部分内容参照车辆识别代号管理办法（试行）制定。

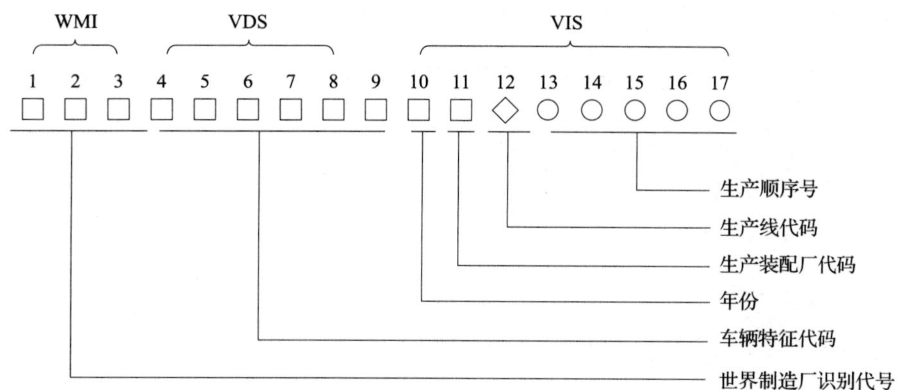

1. 1~3 位（WMI）：制造厂、品牌和类型，例如，LFV 表示中国一汽大众（L—中国，F—FAW，V—VOLKSWAGEN）。

第 1 位：（L—中国、W—德国、1—美国、2—加拿大、3—墨西哥、4—美国、6—澳大利亚、9—巴西、J—日本、S—英国、K—韩国、T—瑞士、V—法国、R—中国台湾、Y—瑞典、Z—意大利）。

第 2、3 位：制造厂、品牌和类型。

2. 4 ~ 8 位（VDS）：车辆特征。

轿车：种类、系列、车身类型、发动机类型和约束系统类型。

MPV：种类、系列、车身类型、发动机类型和车辆额定总质量。

载货车：型号或种类、系列、底盘、驾驶室类型、发动机类型、制动系统和车辆额定总质量。

客车：型号或种类、系列、车身类型、发动机类型和制动系统。

3. 第 9 位：校验位，按标准加权计算。

4. 第 10 位：车型年款。

年份	代码	年份	代码	年份	代码	年份	代码
1971	1	1981	B	1991	M	2001	1
1972	2	1982	C	1992	N	2002	2
1973	3	1983	D	1993	P	2003	3
1974	4	1984	E	1994	R	2004	4
1975	5	1985	F	1995	S	2005	5
1976	6	1986	G	1996	T	2006	6
1977	7	1987	H	1997	V	2007	7
1978	8	1988	J	1998	W	2008	8
1979	9	1989	K	1999	X	2009	9
1980	A	1990	L	2000	Y	2010	A

以后各年份的车辆按此顺序循环编码。

5. 第 11 位：装配厂，若无装配厂，制造厂可规定其他内容。

6. 12 ~ 17 位：生产序列号。

7. 列出车架号可能出现的位置。

（1）汽车行李舱或发动机钢架上。

（2）汽车出厂铭牌和合格证书上。

（3）在销售环节会出现在汽车销售发票上。

（4）在纳税后会出现在完税证明上。

（5）上牌照后会出现在车辆行驶证和登记证书上。

（6）购买保险时会出现在保险单上。

三、汽车总体结构的认知

汽车一般由发动机、底盘、车身和电气系统四个部分构成。

1. 根据图 1–2–2 所示的汽车结构，在表 1–2–3 中填写各部分的名称和功能。

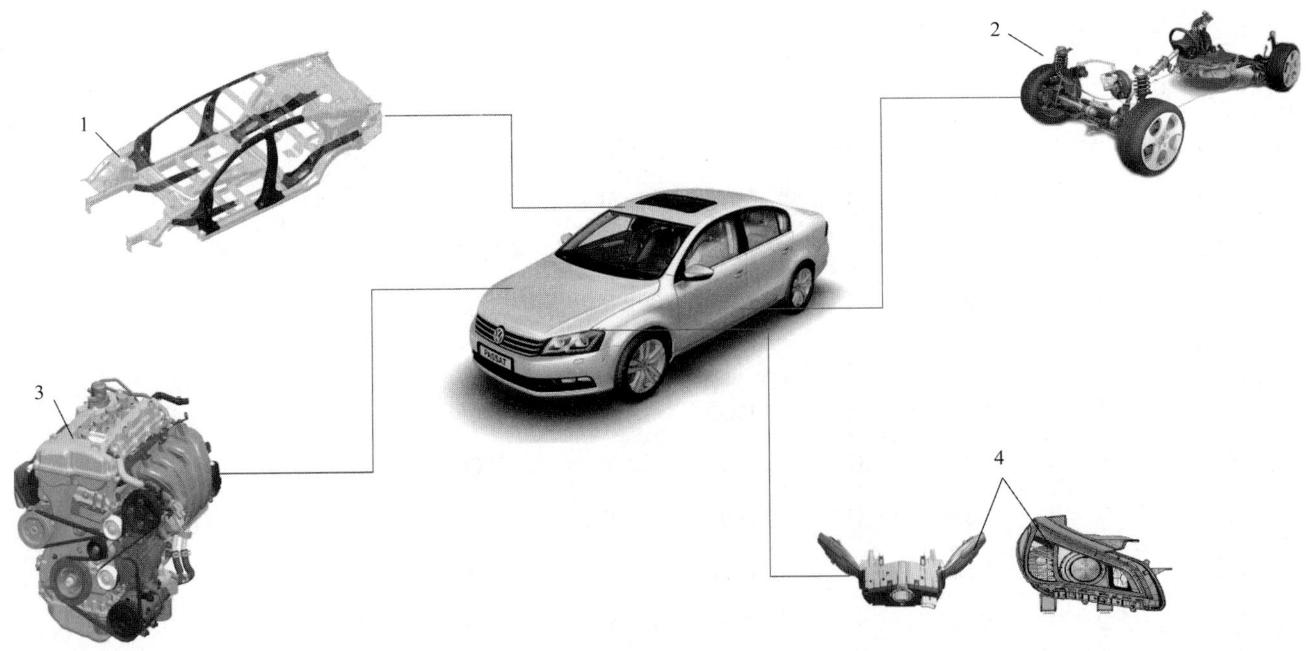

图 1–2–2　汽车结构

表 1-2-3　汽车结构名称和功能

序号	名称	功　能
1	车身	是形成驾驶员和乘员乘坐空间的装置，也是存放行李及其他物品的工具
2	底盘	支承及安装汽车发动机及其各部件、总成，形成汽车的整体造型，并接受发动机的动力，使汽车产生运动，保证正常行驶
3	发动机	使供入其中的燃料燃烧而为汽车提供动力
4	电气系统	是汽车的重要组成部分，它由电源、发动机点火系（汽油机）和起动系、照明和信号装置、空调、仪表和报警系统以及辅助电器等组成

2. 汽车电气系统总体认知

写出图 1-2-3 中电气系统各部件的名称。

a)

b)

c)

d)

图 1-2-3　电气系统

a）起动机　b）发电机　c）仪表　d）点火开关

四、学习过程评价

学习过程评价见表 1-2-4。

表 1-2-4　学习过程评价表

班级		姓名		学号		日期	年　月　日
序号	评价要点				配分	得分	总评
1	能正确识读及填写工作页，明确学习活动要求				5		A□（86 ~ 100） B□（76 ~ 85） C□（60 ~ 75） D□（60 以下）
2	能查阅资料，识别汽车、挂车和汽车列车				10		
3	能查阅资料，识别乘用车和商用车				10		
4	能查阅资料，识读车辆识别代码				25		
5	能查阅资料，识别汽车总体结构				15		

续表

<table>
<tr><th>序号</th><th>评价要点</th><th>配分</th><th>得分</th><th>总评</th></tr>
<tr><td>6</td><td>能查阅资料，识别汽车电气系统</td><td>20</td><td></td><td rowspan="5"></td></tr>
<tr><td>7</td><td>能遵守劳动纪律，以积极的态度接受工作任务</td><td>5</td><td></td></tr>
<tr><td>8</td><td>能积极参与小组讨论，发挥团队合作精神</td><td>5</td><td></td></tr>
<tr><td>9</td><td>能及时完成教师布置的任务</td><td>5</td><td></td></tr>
<tr><td colspan="2">总　分</td><td>100</td><td></td></tr>
<tr><td>小结
建议</td><td colspan="4"></td></tr>
</table>

学习活动 3　新车检查前准备

学习目标

1. 能根据任务正确准备材料、设备和工具。
2. 能查阅维修（使用）手册，列举新车检查项目。
3. 能正确使用新车检查作业的工具、量具、仪器和设备。
4. 能识读交车前检查单。

建议学时　4 学时

学习过程

一、新车检查前准备内容

1. 在洗车过程中要注意哪些问题?

洗车时应遵循自上而下、先首后尾、顺时针清洗的操作程序。这样，一方面可使污物由上往下流走，另一方面可减少遗漏情况的发生。

2. 车辆防护

（1）写出图 1-3-1 所示各防护用品的名称。

a)　b)　c)

图 1-3-1　汽车内部防护

a）座椅套　b）纸脚垫　c）转向盘套

（2）翼子板布的使用

1）在检查发动机舱时，使用翼子板布主要是防止刮伤＿车漆＿，若穿着带纽扣的衣服往往会划伤＿车漆＿。

2）翼子板布应铺在汽车的哪三个地方?

前保险杠、左侧翼子板上面、右侧翼子板上面。

（3）根据发动机舱检查过程中各辅助工具的作用补全表 1-3-1 的内容。

表 1-3-1　各辅助工具的作用

序号	工具名称	作　用
1	万用表	测量电压、电流、电阻、二极管和三极管的通断等
2	手电筒	照明
3	扭力扳手	拆卸大扭矩螺栓或装配有力矩要求的螺栓或螺母

（4）写出图 1-3-2 中各保护垫的位置。

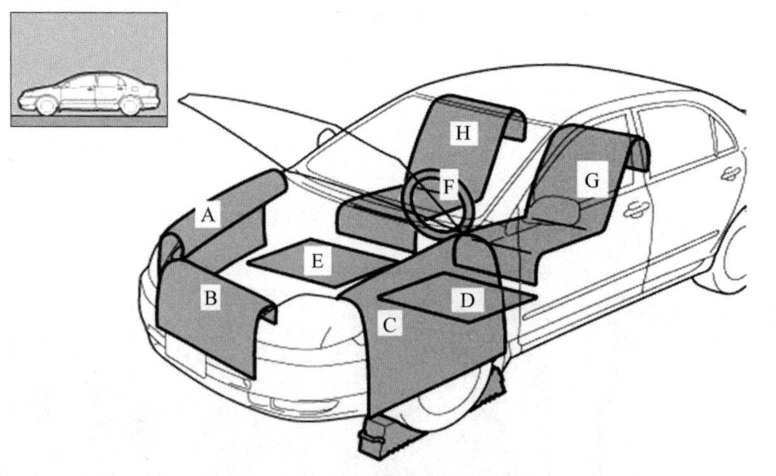

图 1-3-2　保护垫的位置

A—＿右前翼子板＿　B—＿前格栅＿　C—＿左前翼子板＿

D—＿主驾驶地板＿　E—＿副驾驶地板＿　F—＿转向盘＿

G—＿主驾驶座椅＿　H—＿副驾驶座椅＿

二、检查单的认识

熟悉交车前检查单（见表 1–3–2）中每项内容的含义，利用现场的车辆，针对各项目进行对照检查。

表 1–3–2　　交车前检查单

交车前检查单

工作号	类型	代码	首次注册
底盘编号	发动机	公里数	维修顾问
车型描述	变速箱	年款	日期

交车前检查

	OK	NOK	已修复
保险丝（烟灰缸内）：安装	□	□	□
所有开关、用电设备、量表和其他控制装置：功能性检查	□	□	□
保养周期显示：复位	□	□	□
电动车窗：检查定位（开启和关闭功能）	□	□	□
座椅记忆：进行初始化	□	□	□
时钟：设置到正确时间	□	□	□
环境温度显示：选择温度单位	□	□	□
Climatronic（自动空调）：设置温度为 22 °C	□	□	□
收音机和导航系统：激活防盗码，设置当地广播电台和电视台并存储到电台按钮	□	□	□
收音机卡：将收音机序列号和固定的防盗代码粘贴在收音机卡上，不干胶贴在车辆数据胶贴上可以找到。	□	□	□
检查车辆内部的清洁度：前排座椅和后排座椅、内饰、地毯/垫子、车窗	□	□	□
座椅和地毯保护膜：去掉	□	□	□
安装放在车内的所有装备（如果属于原装件）：底板垫、刮水器臂、扰流板、车顶天线、车轮装饰件/轮毂盖、轮胎气门嘴延伸件	□	□	□
门边保护膜（塑料膜）：去掉	□	□	□
检查车辆外部的清洁度：漆面、装饰件、车窗、刮水器片、各个表面	□	□	□
车轮固定螺栓：正确紧固到规定扭矩	□	□	□
左前车轮轮胎充气压力：调整到正确压力	□	□	□
右前车轮轮胎充气压力：调整到正确压力	□	□	□
左后车轮轮胎充气压力：调整到正确压力	□	□	□
右后车轮轮胎充气压力：调整到正确压力	□	□	□
备用车轮的轮胎充气压力：调整到正确压力	□	□	□
发动机舱内的发动机及组件：目测渗漏及损坏（不需拆下隔音用的发动机罩板）	□	□	□
目视检查下部有无泄漏和损坏（不需拆下隔音用的发动机罩板）：发动机、变速器、转向机、球头及防尘套、管路及储液罐等	□	□	□
制动系统：目测渗漏及损坏（不需拆下隔音用的发动机罩板）	□	□	□
蓄电池：用手检查蓄电池接线柱的紧固程度	□	□	□
蓄电池：检查电压	□	□	□
风窗玻璃刮水/洗涤和大灯清洗系统：检查功能和设置；补充液位到最高位置	□	□	□
发动机油位：在添加机油时检查并注意机油规格！	□	□	□
发动机及其发动机舱内的部件（从上面）：目视检查有无泄漏和损坏	□	□	□
冷却液位：确认在最高液位	□	□	□
助力转向：检查油位	□	□	□
制动液：确认在最高液位	□	□	□
首次保养标签：将标签贴在驾驶员侧门柱（B 柱）上；标签在车辆工具袋前面的一个说明条上，在贴上标签后撕掉说明条。	□	□	□
保养日程表：输入交车前检查	□	□	□
检查车辆资料是否完备，并准备需要给客户的交车资料。	□	□	□

OK= 正常　　NOK = 不正常，请注意维修说明　　已修复 = 故障现在已修复，作业单另附

日期/签字（执行人）　　　　日期/签字（最后检查人）

三、学习过程评价

学习过程评价见表 1-3-3。

表 1-3-3　　学习过程评价表

<table>
<tr><td>班级</td><td></td><td>姓名</td><td></td><td>学号</td><td></td><td>日期</td><td>年　月　日</td></tr>
<tr><td>序号</td><td colspan="5">评价要点</td><td>配分</td><td>得分</td><td>总评</td></tr>
<tr><td>1</td><td colspan="5">能正确识读及填写工作页，明确学习活动要求</td><td>10</td><td></td><td rowspan="8">A□（86～100）
B□（76～85）
C□（60～75）
D□（60 以下）</td></tr>
<tr><td>2</td><td colspan="5">能查阅资料，写出洗车的注意事项</td><td>15</td><td></td></tr>
<tr><td>3</td><td colspan="5">能查阅资料，列出汽车防护用品</td><td>15</td><td></td></tr>
<tr><td>4</td><td colspan="5">能按规范流程完成交车前检查单的填写工作</td><td>20</td><td></td></tr>
<tr><td>5</td><td colspan="5">能遵守劳动纪律，以积极的态度接受工作任务</td><td>15</td><td></td></tr>
<tr><td>6</td><td colspan="5">能积极参与小组讨论，发挥团队合作精神</td><td>15</td><td></td></tr>
<tr><td>7</td><td colspan="5">能及时完成教师布置的任务</td><td>10</td><td></td></tr>
<tr><td colspan="6">总　分</td><td>100</td><td></td></tr>
<tr><td>小结
建议</td><td colspan="8"></td></tr>
</table>

学习活动 4　新车检查作业——车内作业

学习目标

1. 能查阅车辆维修手册和使用手册，制定新车车内作业工作方案。

2. 能按照新车检查项目在规定时间内识别车内功能部件，进行新车车内及部分功能检查。

3. 能与其他人员进行有效交流和合作。

4. 能掌握新车内部问题类型，并进行归纳及记录。

建议学时　24 学时

学习过程

一、汽车灯控开关的位置和功能

1. 汽车灯具按功能不同分为＿照明灯具＿和＿信号灯具＿，按安装位置不同分为外部照明灯具和＿内部照明灯具＿。

2. 汽车外部照明灯具有哪些?

汽车外部照明灯具包括前照灯、示廓灯与尾灯、制动灯、转向信号灯、危险警告灯、牌照灯、倒车灯。

3. 汽车内部照明灯具有哪些?

汽车内部照明灯具包括室内灯、车内阅读灯、后席阅读灯、门灯、踏步灯、行李舱灯和货箱灯、氛围灯。

4. 目前车辆上多采用组合式变光开关，它安装在＿转向盘＿下方，便于驾驶员操作。

5. 检查组合仪表警告灯的操作方法是什么？

一般警告灯在驾驶员进行相应操作后熄灭。故障指示灯在起动发动机时，点亮片刻后会熄灭；假如故障指示灯常亮，表明车辆已经出现故障或异常。

6. 当门控开关处于“DOOR”挡位，打开一扇车门时顶灯变＿亮＿，关闭所有车门时顶灯＿熄灭＿。

二、汽车点火开关的位置和功能

1. 汽车点火开关的作用是什么？

汽车点火开关的作用是接通或切断起动机、点火和电气线路。

2. 使用汽车点火开关的注意事项

（1）关闭点火开关后，左右轻轻转动转向盘，转向盘会被锁住，这样可以＿防止车辆被盗＿。这时插入钥匙后，因转向盘处于被锁住状态，钥匙＿不能转动＿。此时可以左右轻轻转动转向盘后再旋转钥匙。

（2）发动机熄火后，不能把点火开关长时间置于“ACC”或“ON”位置，以免蓄电池＿放电＿（充电 / 放电）。

（3）点火开关在“start”位置的时间不能超过＿10＿s。如果第一次起动发动机没有成功，应至少等待＿30＿s 后才能再次起动。

（4）起动发动机后不要把点火开关转到“＿start＿”位置，这样会损坏起动机。

三、汽车辅助电气开关的位置和功能

1. 汽车喇叭的作用是什么？

喇叭是汽车的信号装置。主要用于警告行人及引起其他车辆注意，保证行车安全，同时还用于催行与传递信号。

2. 风窗玻璃系统

（1）汽车风窗玻璃喷洗器和刮水器的作用分别是什么？

汽车风窗玻璃喷洗器是给风窗玻璃喷清洗液用的。刮水器的作用是刮干净风窗玻璃上的雨水，保持风窗玻璃的清洁，便于安全行驶。

（2）标出图 1-4-1 所示风窗玻璃喷洗器中各部件的名称。

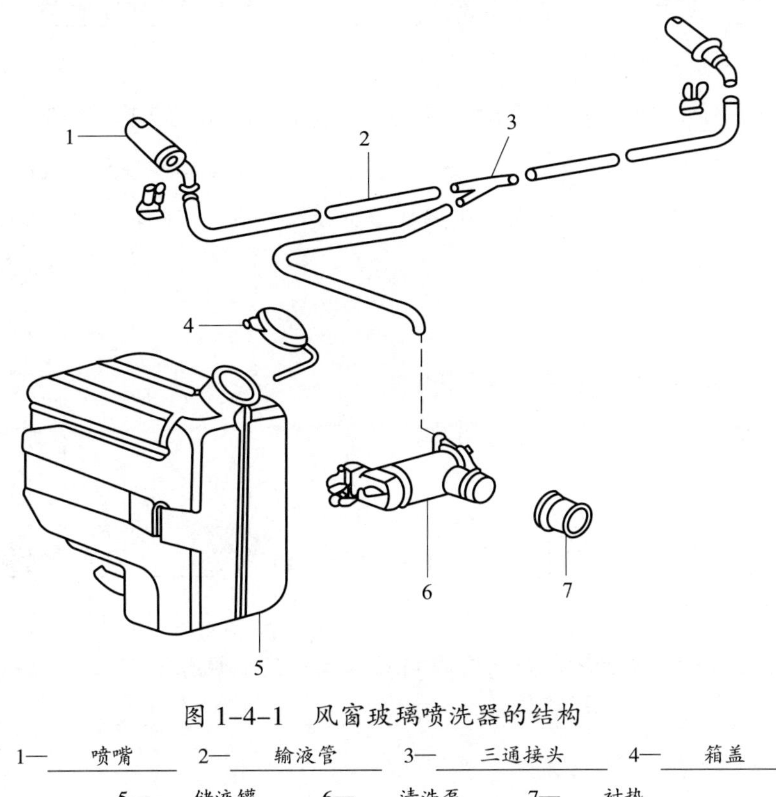

图 1-4-1　风窗玻璃喷洗器的结构

1—<u>喷嘴</u>　2—<u>输液管</u>　3—<u>三通接头</u>　4—<u>箱盖</u>
5—<u>储液罐</u>　6—<u>清洗泵</u>　7—<u>衬垫</u>

（3）如何调整风窗玻璃喷洗器的喷射区域？

调整风窗玻璃喷洗器喷嘴角度的工具非常简单，只需要一根钉子即可。先喷出少量玻璃清洗液，注意查看水柱是否在合理的区域内；若不合适，大概记住喷玻璃清洗液的区域，用准备好的钉子插入喷嘴中进行细微调整。

（4）补全刮水器的操作方式

1）脉冲操作。当刮水器开关置于延迟（DELAY）（脉冲）位置时，<u>刮水器间歇动作</u>。其间歇时间可通过开关上的<u>旋钮</u>进行调整。

2）清洗器的操作。接通清洗器开关时，清洗泵运转，刮水器以<u>低速</u>（低速 / 高速）工作。在松开刮水器开关且其处于关闭（OFF）位置时，则刮水器在刮扫 2 ~ 4 次后返回停止位置。

3）停止位置操作。当刮水器开关关闭时，控制电路将使刮水器完成最后一次刮扫后，通过使刮水器电动机<u>反转</u>，触发外部减速—停止机构，使刮水器回到<u>停止</u>位置。

3. 电动后视镜开关

（1）大众系列轿车左、右电动后视镜由设置在<u>左前门内把手上端</u>的调整开关控制。

（2）当点火开关处于“<u>ON</u>”位置时，按动后视镜调整开关，可选择需调整的后视镜，L 为<u>左</u>侧，R 为<u>右</u>侧，中间为<u>停止</u>操作。摇动开关可调整后视镜反射面的空间角度。两侧电动后视镜各有两个永磁电动机，通过控制两个电动机的开关可获得二顺二反四种电流，即可进行<u>四种</u>运动，使镜面得到调整。

4. 汽车座椅开关

（1）简述座椅调节开关（见图 1–4–2）的安装位置。

一般来说，汽车座椅调节开关都位于座椅侧面。

（2）图 1–4–2（左前座椅调整机构）中调节开关“1”的功用是<u>调节座椅前后 / 高低位置</u>。简述其调整方法和效果。

前后调节，朝前 / 后按动调节开关，座椅可以前后移动；高低调节，朝上 / 下按动调节开关，座椅整体高度会升高或降低。

（3）图 1–4–2 中调节开关“2”的功用是<u>调节靠背角度</u>。简述其调整方法和效果。

朝前后方向按动靠背角度调节开关，座椅靠背的倾斜度会随之改变。

（4）图 1–4–2 中调节开关“3”的功用是<u>调节腰托位置</u>。简述其调整方法和效果。

增强或减弱腰托力量，按住圆形控制钮的前部或后部，当座椅靠背达到理想的腰托位置时，松开控制钮。

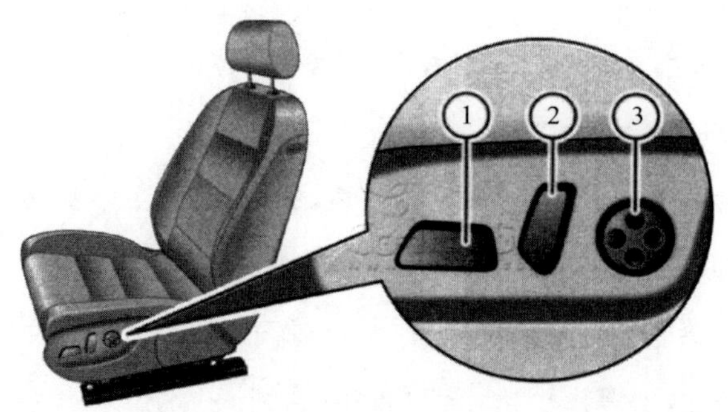

图 1–4–2 汽车座椅调节开关

5. 简述汽车音响系统的主要功能。

汽车音响系统是为减轻驾驶员和乘员旅行中的枯燥感而设置的收放音装置。

6. 汽车行李舱盖和油箱盖开关

（1）写出图 1-4-3 中各部件的名称。

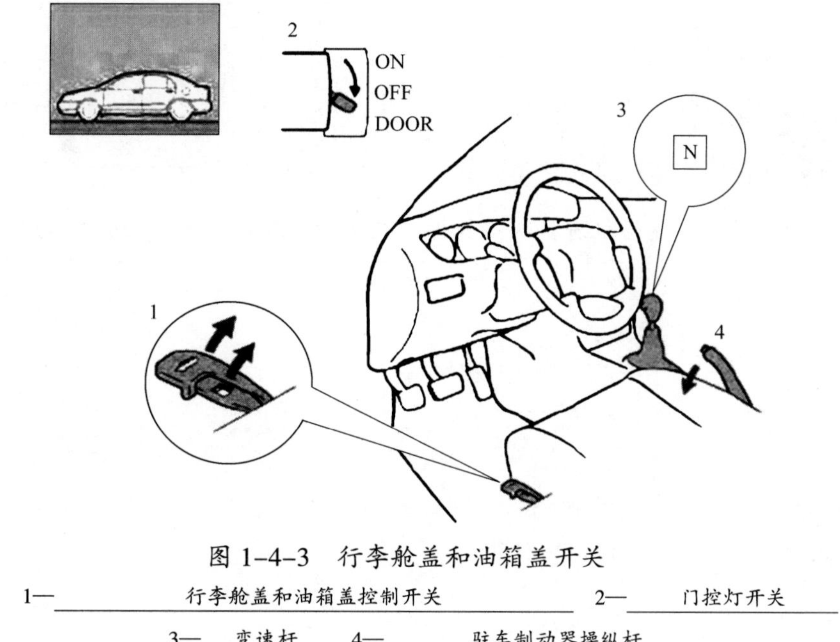

图 1-4-3　行李舱盖和油箱盖开关

1—行李舱盖和油箱盖控制开关　2—门控灯开关

3—变速杆　4—驻车制动器操纵杆

（2）图 1-4-3 中“1”位置处两个箭头的含义是什么？

向上抬起控制开关，可开启行李舱盖和油箱盖。

（3）简述打开汽车行李舱盖和油箱盖的方法。

在车外遥控开启，用车内按钮开启，用车内控制开关开启。

7. 简述汽车车门内把手的功用。

方便车辆使用人员开启车门。

8. 汽车点烟器

（1）点烟器的位置　一般都分布在车辆变速杆的旁边，往往点烟器插座是一个小的槽型结构　；其功用是　点燃香烟　。

（2）简述使用点烟器的方法。

打开汽车电源，按下点烟器，待点烟器达到规定温度回弹后，将香烟与点烟器接触即可点燃。

（3）按下点烟器后为什么不能长时间用手按住?

按下点烟器后点烟器会自动加热，到规定温度会自动回弹，如果一直按着会对车辆点烟器电路造成伤害。

9. 汽车发动机舱盖开关

（1）简述发动机舱盖控制开关的操作方法。

发动机舱盖控制开关是打开发动机舱盖的操作件，它位于仪表盘下方，拉起手柄或按下按钮，可将发动机舱盖打开。

（2）发动机舱盖控制开关在什么情况下不宜使用?

发动机舱盖控制开关在汽车行驶时不宜使用。

（3）发动机舱盖打开后如何安全地支承?

用支承杆将发动机舱盖支承起来，确保支承杆插入固定座孔内。

（4）如何关好发动机舱盖?

放开发动机舱盖支承杆，当发动机舱盖距离闭合点高度 15～30 cm 时，松开双手，让发动机舱盖自由落下，听到清脆的闭合声即可。

四、学习过程评价

学习过程评价见表 1–4–1。

表 1–4–1　　学习过程评价表

班级		姓名		学号		日期	年　月　日
序号	评价要点				配分	得分	总评
1	能正确识读及填写工作页，明确学习活动要求				5		A□（86～100） B□（76～85） C□（60～75） D□（60 以下）
2	能查阅资料，识别汽车灯控开关位置和功能				5		
3	能查阅资料，识别汽车点火开关位置和功能				5		
4	能查阅资料，识别汽车喇叭按钮位置和功能				5		
5	能查阅资料，识别汽车风窗玻璃清洗系统位置和功能				5		
6	能查阅资料，识别电动后视镜开关位置和功能				10		
7	能查阅资料，识别汽车座椅开关位置和功能				10		
8	能查阅资料，识别汽车音响系统位置和功能				10		
9	能查阅资料，识别汽车行李舱盖和油箱盖控制开关位置和功能				10		
10	能查阅资料，识别汽车车门系统位置和功能				10		
11	能查阅资料，识别汽车点烟器位置和功能				5		
12	能查阅资料，识别发动机舱盖控制开关位置和功能				5		
13	能遵守劳动纪律，以积极的态度接受工作任务				5		
14	能积极参与小组讨论，发挥团队合作精神				5		
15	能及时完成教师布置的任务				5		
总　分					100		
小结建议							

学习活动 5　新车检查作业——车外作业

学习目标

1. 能描述新车检查作业所需的工具、量具、仪器、设备的名称、种类、用途和使用方法，并能正确使用。

2. 能查阅车辆维修手册和使用手册，制定新车车外作业工作方案。

3. 能按照新车检查项目，在规定时间内进行新车车外及部分功能检查。

4. 能描述新车交接检查作业服务流程，并与相关人员进行有效交流和情况反馈。

5. 能掌握新车外部问题类型，并进行归纳及记录。

建议学时　6 学时

学习过程

一、汽车灯光的检查

1. 检查前照灯、雾灯、侧面转向灯、尾灯等与前、后保险杠之间配合间隙是否均匀、对称。如图 1–5–1 所示为右前照灯，图 1–5–2 所示为左尾灯，图 1–5–3 所示为雾灯。

检查记录：根据实际情况填写。

图 1–5–1　右前照灯

2. 确认灯具表面干净，无划痕、裂缝、破损。

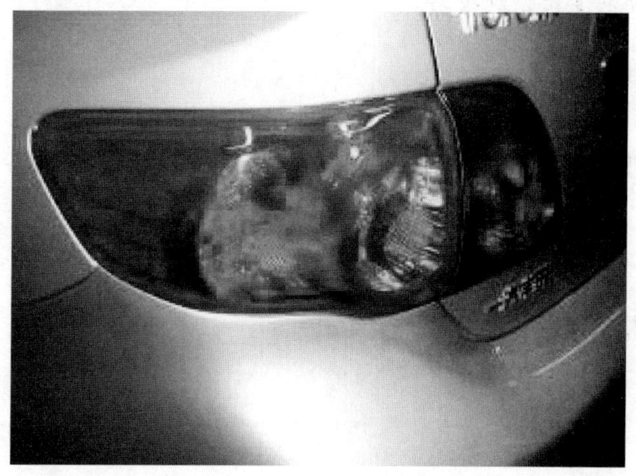

图 1–5–2　左尾灯

检查记录：根据实际情况填写。

3. 确认各灯具无进水的迹象。

图 1–5–3　雾灯

检查记录：根据实际情况填写。

4. 填写车辆维护检查中外部检查部分的相关内容，并出具检查完毕处理意见。

（1）需要调整的部位：根据实际情况填写。

（2）需要修理的部位：根据实际情况填写。

（3）需要更换的部件：根据实际情况填写。

（4）其他处理意见：根据实际情况填写。

二、车辆外观漆面的检查

1. 近距离目视检查。

2. 在距离检查部位＿0.5 ~ 1＿m 处，从正面、各侧面等多方向目视检查。

检查记录：根据实际情况填写。

三、刮水器的检查

1. 目视检查风窗玻璃喷洗器的喷射力和喷射位置，检查喷射时刮水器的联动情况，检查低速、高速时刮水器工作情况，检查刮片自动回位位置，目视检查刮片的刮拭情况。刮水器共有＿4＿个挡位。

2. 刮水器的刮片为什么需要定期更换?

因为刮水器刮片上的胶条由橡胶制成，使用久了会老化，具体表现为变形、脆化，最终破裂，导致不能刮干净风窗玻璃上的水，进而影响视线、视野，给驾车带来危险，所以汽车刮水器的保养也很重要，要注意定期更换刮片。

3. 洗洁精溶液是否可以替代玻璃清洗液？为什么？

不可以，洗洁精溶液里会有一些沉淀物，时间长了，不仅会腐蚀橡胶管，而且会堵塞喷水口，严重情况下会损坏刮水器电动机。

四、学习过程评价

学习过程评价见表 1-5-1。

表 1-5-1　　学习过程评价表

<table>
<tr><td>班级</td><td></td><td>姓名</td><td></td><td>学号</td><td></td><td>日期</td><td>年　月　日</td></tr>
<tr><td>序号</td><td colspan="4">评价要点</td><td>配分</td><td>得分</td><td>总评</td></tr>
<tr><td>1</td><td colspan="4">能正确识读及填写工作页，明确学习活动要求</td><td>10</td><td></td><td rowspan="8">A□（86～100）
B□（76～85）
C□（60～75）
D□（60 以下）</td></tr>
<tr><td>2</td><td colspan="4">能查阅资料，写出汽车灯光的检查方法</td><td>20</td><td></td></tr>
<tr><td>3</td><td colspan="4">能查阅资料，写出汽车车辆外观漆面的检查方法</td><td>20</td><td></td></tr>
<tr><td>4</td><td colspan="4">能查阅资料，写出汽车刮水器的检查方法</td><td>20</td><td></td></tr>
<tr><td>5</td><td colspan="4">能遵守劳动纪律，以积极的态度接受工作任务</td><td>10</td><td></td></tr>
<tr><td>6</td><td colspan="4">能积极参与小组讨论，发挥团队合作精神</td><td>10</td><td></td></tr>
<tr><td>7</td><td colspan="4">能及时完成教师布置的任务</td><td>10</td><td></td></tr>
<tr><td colspan="5">总　分</td><td>100</td><td></td></tr>
<tr><td>小结
建议</td><td colspan="7"></td></tr>
</table>

学习活动 6 工作总结与评价

学习目标

1. 能制定新车检查工作方案。
2. 能以小组形式，对学习过程和成果进行总结性汇报。
3. 能完成对学习过程的综合评价。

建议学时 4 学时

学习过程

一、工作总结

在世界技能大赛中，要求选手具有一定的组织规划、沟通、创新等能力，这在实际的生产工作中是十分必要的。以小组为单位，选择演示文稿、展板、海报、录像等形式中的一种或几种，向全班展示及汇报学习成果。

二、综合评价

针对本学习任务的学习情况，根据表 1–6–1 所列综合评价标准进行评分。

表 1–6–1 综合评价标准

评价项目	评价内容及标准	配分	评分		
			自我评价	小组评价	教师评价
			10%	30%	60%
组织和管理	团队合作，合理计划，高效管理时间	3			
	及时检查练习进展和效果	3			
	保证高质量完成练习	4			
沟通能力	在模拟练习中准确理解客户需求	10			
	在模拟练习中准确回答客户疑问	10			

续表

评价项目	评价内容及标准	配分	评分		
			自我评价	小组评价	教师评价
			10%	30%	60%
计划创新能力	及时处理练习中遇到的问题	10			
	提出创新性、可行性建议，提高学习效率	10			
专业知识	具备汽车维修企业岗位认知的基本能力	10			
	具备汽车整车认知的能力	10			
实践能力	具备新车检查前准备工作的技能	5			
	具备车内作业的检修技能	12			
	具备车外作业的检修技能	3			
	具备制定新车检查方案的能力	10			
学生姓名		综合评价得分			
指导教师		日期			

三、学习任务一整体评价

学习任务一整体评价见表 1–6–2。

表 1–6–2　学习任务一整体评价表

项目	自我评价			小组评价			教师评价		
	10～9	8～6	5～1	10～9	8～6	5～1	10～9	8～6	5～1
	占总评 10%			占总评 30%			占总评 60%		
学习活动 1									
学习活动 2									
学习活动 3									
学习活动 4									
学习活动 5									
协作精神									
纪律观念									
表达能力									
工作态度									
任务总体表现									
小计									
总评									

世赛知识

世界技能大赛（WSC）简介

世界技能大赛（world skills competition，WSC）是迄今全球地位最高、规模最大、影响力最大的职业技能竞赛，被誉为“世界技能奥林匹克”，其竞技水平代表了职业技能发展的世界先进水平，是世界技能组织成员展示和交流职业技能的重要平台。世界技能大赛由世界技能组织（world skills international，WSI）举办，每两年一届，截至 2021 年已成功举办 45 届。

一个国家或地区在世界技能大赛中取得的成绩在一定程度上代表了这个国家或地区的技能发展水平，反映了这个国家或地区的经济技术实力。发达国家特别是制造业强国都高度重视世界技能大赛，参赛得到国家的大力支持和国民的高度关注。

学习任务二　汽车首次维护

学习目标

1. 能查阅维修手册，列举车辆首次维护的维护项目并制定作业方案。

2. 能描述首次维护用品的名称、规格、牌号并能正确选择。

3. 能描述车辆首次维护所需的工具、量具、仪器和设备的名称、种类、用途及其使用方法，并能正确使用。

4. 能按照汽车维修服务流程进行汽车维护接待工作。

5. 能识读与填写首次维护接车单，签字明确工作责任，且内容齐全，外观整洁。

6. 能熟练按照作业方案完成车辆首次维护作业。

7. 能正确处理维护后的废液和其他物质，执行工作场所的“6S”管理要求。

8. 能描述车辆交付条件与注意事项，并按规定交付车辆。

9. 能与客户和其他工作人员进行有效沟通及配合。

建议学时

50 学时

工作情境描述

某客户的新速腾轿车已行驶 7 500 km，按使用手册要求进行首次维护。维修接待员与客户确认首次维护信息后，向客户承诺 45 min 交车，并向车间递交维护工单。车间派工员安排维修工，按照维修手册要求在规定时间内完成首次维护作业，并交由班组长进行验收后交车。

工作流程与活动

学习活动 1　维护接待工作　（4 学时）

学习活动 2　首次维护准备工作　（6 学时）

学习活动 3　首次维护车辆外部检查 （6 学时）

学习活动 4　首次维护发动机舱检查与维护 （12 学时）

学习活动 5　首次维护车舱内检查与维护 （12 学时）

学习活动 6　首次维护车底检查与维护 （6 学时）

学习活动 7　工作总结与评价 （4 学时）

思维导图

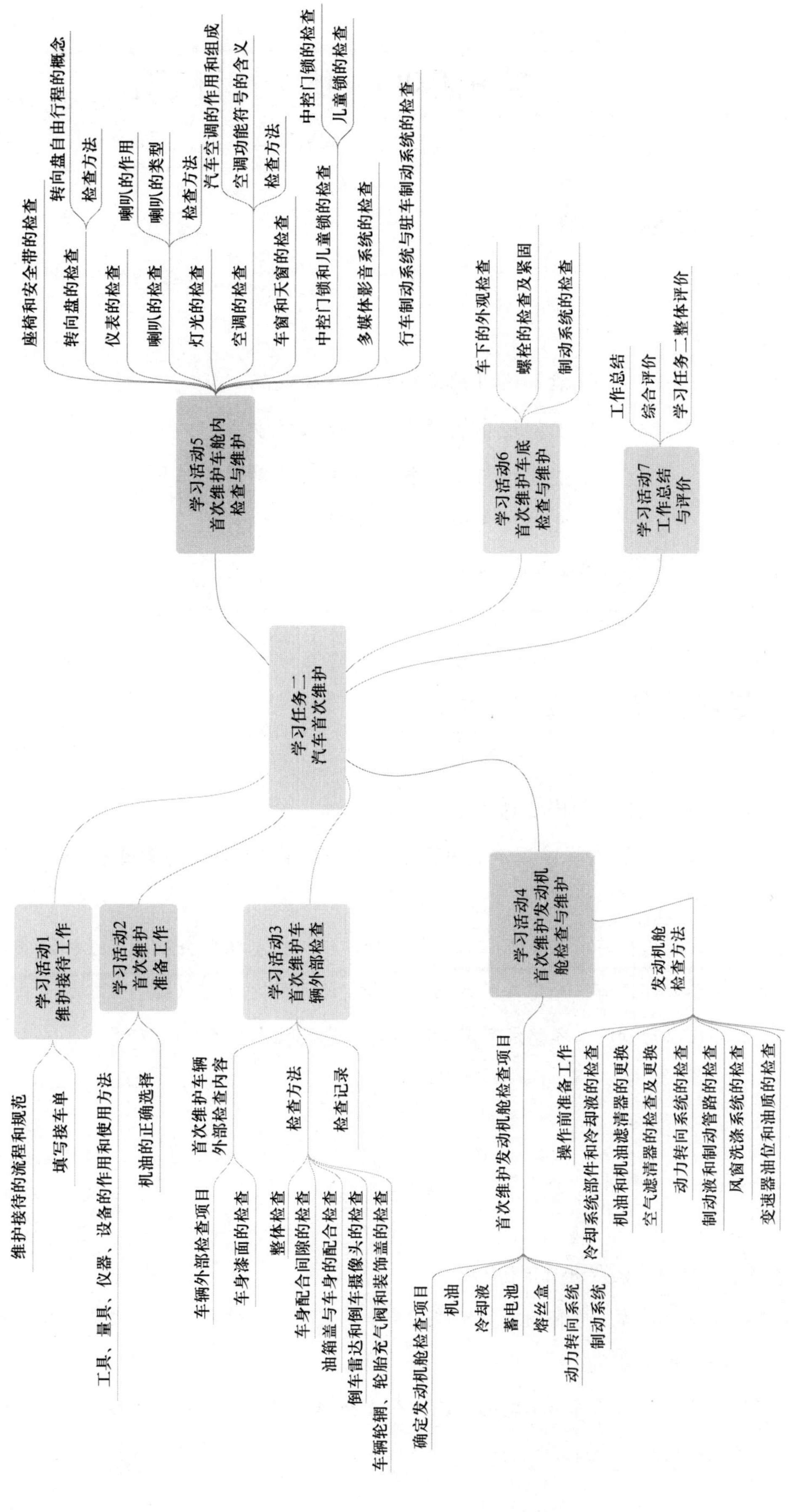

- 学习任务二 汽车首次维护
  - 学习活动1 维护接待工作
    - 维护接待的流程和规范
    - 填写接车单
  - 学习活动2 首次维护准备工作
    - 工具、量具、仪器、设备的作用和使用方法
    - 机油的正确选择
  - 学习活动3 首次维护车辆外部检查
    - 首次维护车辆外部检查内容
      - 车辆外部检查项目
      - 车身漆面的检查
    - 检查方法
      - 整体检查
      - 车身配合间隙的检查
      - 油箱盖与车身的配合检查
      - 倒车雷达和倒车摄像头的检查
      - 车辆轮辋、轮胎充气阀和装饰盖的检查
    - 检查记录
  - 学习活动4 首次维护发动机舱检查与维护
    - 首次维护发动机舱检查项目
      - 确定发动机舱检查项目
      - 机油
      - 冷却液
      - 蓄电池
      - 熔丝盒
      - 动力转向系统
      - 制动系统
    - 发动机舱检查方法
      - 操作前准备工作
      - 冷却系统部件和冷却液的检查
      - 机油和机油滤清器的更换
      - 空气滤清器的检查及更换
      - 动力转向系统的检查
      - 制动液和制动管路的检查
      - 风窗洗涤系统的检查
      - 变速器油位和油质的检查
  - 学习活动5 首次维护车舱内检查与维护
    - 座椅和安全带的检查
    - 转向盘的检查
      - 转向盘自由行程的概念
      - 检查方法
    - 仪表的检查
    - 喇叭的检查
      - 喇叭的作用
      - 喇叭的类型
      - 检查方法
    - 灯光的检查
    - 空调的检查
      - 汽车空调的作用和组成
      - 空调功能符号的含义
      - 检查方法
    - 车窗和天窗的检查
    - 中控门锁和儿童锁的检查
      - 中控门锁的检查
      - 儿童锁的检查
    - 多媒体影音系统的检查
    - 行车制动系统与驻车制动系统的检查
  - 学习活动6 首次维护车底检查与维护
    - 车下的外观检查
    - 螺栓的检查及紧固
    - 制动系统的检查
  - 学习活动7 工作总结与评价
    - 工作总结
    - 综合评价
    - 学习任务二整体评价

学习活动1　维护接待工作

学习目标

1. 能描述维护接待的流程和规范。
2. 能描述车辆预检内容和操作方法。
3. 能识读与填写首次维护接车单、派工单。
4. 能与他人进行有效沟通及合作。

建议学时　4学时

学习过程

一、维护接待的流程和规范

1. 首次维护是客户购车后按规定的里程（第一次）到授权服务站对车辆进行检查及维护。试述汽车进行首次维护的原因。

车辆在使用过程中，随着行车里程的不断增加，车辆技术状况会不断变差，油液会变质。通过汽车首次维护可以让汽车各零部件有一个洁净的运动表面和空间，同时也可以检验汽车技术状况是否符合要求，汽车紧固螺栓是否存在松动情况，各总成间隙是否符合厂家的技术标准。

2. 维修接待员为什么要进行预检?

（1）提前做预检工作，可帮助客户发现其尚未发现的需维修项目、潜在的风险项目，便于客户全面掌握车辆状况，排除车辆潜在风险。

（2）通过预检，列明并标示车辆的状况，如漆面损伤程度、工具缺失情况、车内物品种类和数量、油料状态、行驶里程等信息，通过客户确认，明确双方的责任，避免后期交车时出现纠纷。

（3）通过预检及与客户交流，了解客户的行车习惯、用车环境等隐性因素，由此可更好地判断客户车辆可能存在的问题。

3. 查阅资料，补全表 2-1-1 所列的汽车维护接待流程和操作规范。

表 2-1-1　　汽车维护接待流程和操作规范

接待流程	操作规范
1. 预约	如何接听客户预约电话？ “您好，×× 公司为您服务，我是 ×××。”“好的，我们给您准备一下，您的车上午 × 点来这里好吗？”“好的，没问题，谢谢！再见。”
2. 迎接客户	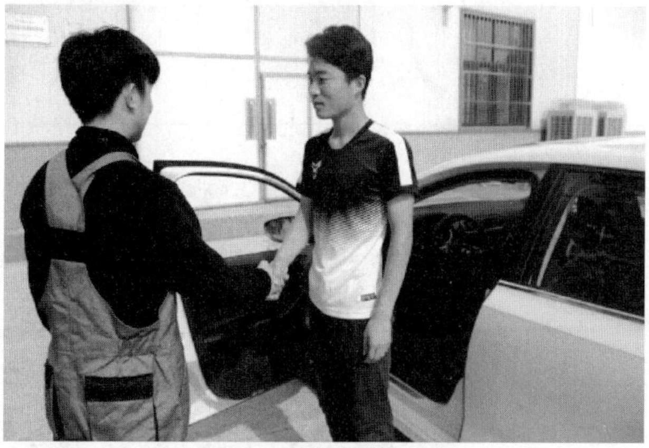 维修接待员热情接待客户 如何迎接客户？ 规范用语：“您好，先生（女士），请问有什么需要帮忙？”“× 先生（女士），您请下车。”“× 先生（女士），请您保管好车上的贵重物品。”
3. 问诊	如何进行问诊？ 规范用语：“您的车第一次出现这种故障是在什么时候？”“出现这种情况有多长时间了？”

续表

接待流程	操作规范
4. 填写接车单	写明维修（维护）项目及相应维修（维护）费用、维修（维护）时间、客户联系电话（要求字迹工整、清晰、正确）等。引导客户检查车辆外表、内饰、工具、备胎等，正常打“√”，不正常打“×”，最后请__客户__签字确认。
5. 引领客户进休息室	请客户到休息室等候 规范用语：“您好，× 先生（女士），请您到休息室，喝杯茶，看看报纸、杂志，车辆完工后我们立即通知您。”或“您稍事休息，等车辆完工后我们会尽快通知您。”如果车辆需要较长时间才能修好时，可对客户说：“请您放心，我们会尽快把车修好，完工后及时通知您。”
6. 将车辆交给车间，派工作业	 将接车单交给车间主管 车辆开进车间进行维修（维护）前，必须加装的防护工具有哪些？ 需要加装车内五件套，即转向盘套、座椅套、纸脚垫、变速杆套、驻车制动器操纵杆套。 把接车单交给__车间主管__，确定维修（维护）项目、需更换的零件、维修（维护）时间、检查项目等。

续表

接待流程	操作规范
7. 跟踪维修（维护）进度	配合车间工作人员，了解维修（维护）进度。 注意事项：个别客户要求进维修车间查看车辆时，必须由接待员陪同客户。客户确认后，应尽快引领客户回休息室等候。
8. 车辆维修（维护）过程中增加项目	在车辆维修（维护）过程中发现新的故障时，作为维修接待员应该怎么做? 增加维修项目及更换零件前必须先征得客户同意，告知客户会增加的相关维修费用，并经客户签字确认。
9. 输入客户资料	根据＿＿接车单和维修手册＿＿，输入客户资料以及对维修（维护）项目建档，更新相关内容。 注意事项：输入客户资料时要认真、细致，不得有漏项、错项，输入完毕要检查。
10. 通知客户提车	车辆竣工后通知客户，核对＿＿接车单＿＿并检验＿＿车辆＿＿，详细说明维修（维护）项目及相关维修（维护）费用后进行结算。 注意事项：维修（维护）车辆未经质检员检验合格不能竣工。＿＿质检员＿＿为维修（维护）车辆第一责任人，车辆未按相关质量要求修理好就出厂的，首先追究质检员的责任，其次才追究维修接待员和维修工人的相关责任。结算时要讲究礼仪，先向客户问好［如“×先生（女士），您好！”］，双手递交单据并礼貌地说：“×先生（女士），您好，您这次维修（维护）项目是……工时费为……换件费为……其他包括……共计……请您过目一下，如果没问题请您在这里签字，谢谢！”结账后必须向客户致谢。
11. 欢送客户	恭送客户上车，挥手欢送客户，待客户开车离开一段距离（10～20 m）后，方可返回工作岗位。
12. 回访	打电话回访，聆听客户意见，做好记录。 规范用语：“×先生（女士），您好，我是××公司×××（姓名），您的车辆维修（维护）后有什么问题？或对我们的服务有什么不满意的地方吗？……打扰您，对不起，谢谢您的支持！” 注意事项：不可在客户休息时间打回访电话，电话访问内容必须简短，此项工作由专人负责。

二、填写接车单

请模拟一次维修（维护）接待员接车的流程，填写汽车常规接车单，见表 2-1-2。

表 2-1-2　　　　接车单

工单号：______ 地址：______ 联系电话：______ 传真：______ 投诉电话：______

客户：______ 地址：______ 电话：______

传真：______ 联系人：______

车牌号：______ 型号 / 年份：______ 发动机号：______ 车架号：______ 公里数：______

燃油量：F—1/2—E 维修类别：______

入厂时间：______ 约定交车时间：______ 修正交车时间：______ 出厂时间：______

接车员：______ 调度员：______

故障陈述							换件项目	数量	单位	单价	金额
维修项目	工时	工价	作业班组	开工时间	完工时间						

客户签字：	约定联络时间：	接车前的检查	□车钥匙 □备胎 □轮盖 □行驶证 □随车工具 □故障灯	说　明
班组长：______ 质检员：______ 接车员：______ 服务专员：______	工时费用总计：______ 材料费用总计：______ 估价人：______		检查人： × 划痕 ⊙ 凹陷 √ 破损	1. 车内贵重物品由客户自行带走；否则，如有遗失，本维修中心恕不负责 2. 客户同意上述维修项目并授权本维修中心对无法修复的零件予以更换 3. 客户自带配件与客户要求更换副厂件的，本维修中心恕不负责质量保修
	付款方式			
	转账支票□ 现金□ 其他□			

续表

<table>
<tr><td colspan="3">请留下您宝贵的意见，以便我们为您提供更好的服务</td><td colspan="2" rowspan="2">尊敬的客户：
我中心已遵照您的意愿，将您的座驾□修理□保养□检验完毕，经检查发现您的座驾还有以下问题，敬请您早做处理，以确保您旅途愉快！</td><td>完工检验</td></tr>
<tr><td rowspan="3">质量</td><td>技术</td><td>□好　□一般　□差</td><td rowspan="12">检验结果：

处理意见：

备注：
班组长签名：________
质检员签名：________</td></tr>
<tr><td>设备</td><td>□先进　□落后</td><td rowspan="10">检查结果：</td><td rowspan="10">处理意见：</td></tr>
<tr><td>操作</td><td>□规范　□一般　□不规范</td></tr>
<tr><td rowspan="2">工期</td><td>待工</td><td>□长　□一般</td></tr>
<tr><td>待料</td><td>□长　□一般</td></tr>
<tr><td rowspan="2">价格</td><td>工价</td><td>□满意　□能接受
□不能接受</td></tr>
<tr><td>料价</td><td>□满意　□能接受
□不能接受</td></tr>
<tr><td rowspan="4">服务</td><td>态度</td><td>□热情　□一般　□冷淡</td></tr>
<tr><td>环境</td><td>□整洁　□一般　□脏乱</td></tr>
<tr><td>秩序</td><td>□有序　□一般　□混乱</td></tr>
<tr><td>手续</td><td>□烦琐　□简便</td></tr>
<tr><td colspan="2">抱怨处理情况</td><td>□能得到有效处理
□不能得到有效处理</td><td colspan="2">质检员签名：________　技术主管签名：________</td></tr>
<tr><td>其他建议</td><td colspan="2"></td><td>出厂检验</td><td>1. 确认油、水及所有安全项目均已检查过
2. 检查派工单是否填写完整
3. 旧件的处理同客户已交涉
4. 确认车辆内外的清洁情况
5. 清点随车工具和其他物品
6. 检查过的地方没有弄脏或弄坏
7. 确认实际维修、换件项目和费用是否与报修单相符</td><td>接车员签名：________</td></tr>
</table>

三、学习过程评价

学习过程评价见表 2–1–3。

表 2–1–3　　学习过程评价表

<table>
<tr><td>班级</td><td></td><td>姓名</td><td></td><td>学号</td><td></td><td>日期</td><td>年　月　日</td></tr>
<tr><td>序号</td><td colspan="5">评价要点</td><td>配分</td><td>得分</td><td>总评</td></tr>
<tr><td>1</td><td colspan="5">能正确识读及填写工作页，明确学习活动要求</td><td>10</td><td></td><td rowspan="8">A□（86 ~ 100）
B□（76 ~ 85）
C□（60 ~ 75）
D□（60 以下）</td></tr>
<tr><td>2</td><td colspan="5">能查阅资料，写出维护接待流程和规范</td><td>15</td><td></td></tr>
<tr><td>3</td><td colspan="5">能查阅资料，写出车辆预检内容和操作方法</td><td>20</td><td></td></tr>
<tr><td>4</td><td colspan="5">能根据维护接待实际工作任务，填写首次维护接车单、派工单</td><td>25</td><td></td></tr>
<tr><td>5</td><td colspan="5">能遵守劳动纪律，以积极的态度接受工作任务</td><td>10</td><td></td></tr>
<tr><td>6</td><td colspan="5">能积极参与小组讨论，发挥团队合作精神</td><td>10</td><td></td></tr>
<tr><td>7</td><td colspan="5">能及时完成教师布置的任务</td><td>10</td><td></td></tr>
<tr><td colspan="6">总　分</td><td>100</td><td></td></tr>
<tr><td>小结
建议</td><td colspan="8"></td></tr>
</table>

学习活动 2　首次维护准备工作

学习目标

1. 能描述首次维护用品的名称、规格、牌号并能正确选择。

2. 能描述首次维护所需的工具、量具、仪器和设备的名称、种类、用途及其使用方法，并能正确使用。

建议学时　6 学时

学习过程

一、工具、量具、仪器、设备的作用和使用方法

1. 安全防护用品有哪些?

车内五件套、车外三件套、护目镜、手套、安全帽、劳保鞋或绝缘鞋、工作服等。

2. 工具准备

（1）专用工具

专用工具主要包括机油滤清器拆装工具、火花塞套筒、机油回收机、气动工具、扭力扳手、轮胎架等。

（2）通用工具

通用工具主要包括套筒、梅花扳手、开口扳手、一字旋具、十字旋具、钢丝钳、吹尘枪等。

（3）测量工具

测量工具主要包括故障诊断仪、多功能液体检测仪、轮胎气压表、轮胎花纹深度尺、万用表等。

根据所学知识填写表 2–2–1 中各工具的名称和作用。

表 2-2-1 各工具的名称和作用

工具	名称	作用
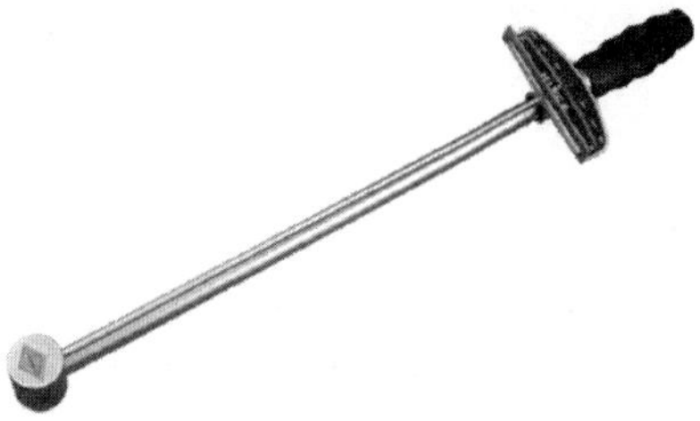	指针式扭力扳手	拆卸大扭矩螺栓或装配有力矩要求的螺栓或螺母
	预置式定扭矩扳手	拧紧有扭矩要求的螺栓或螺母
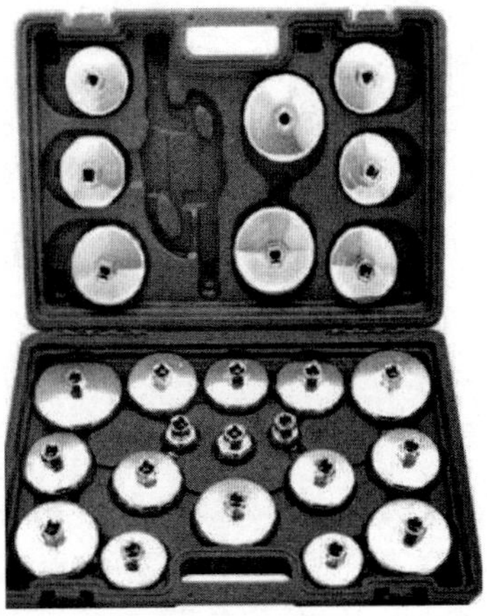	机油滤清器扳手	拆卸或安装机油滤清器
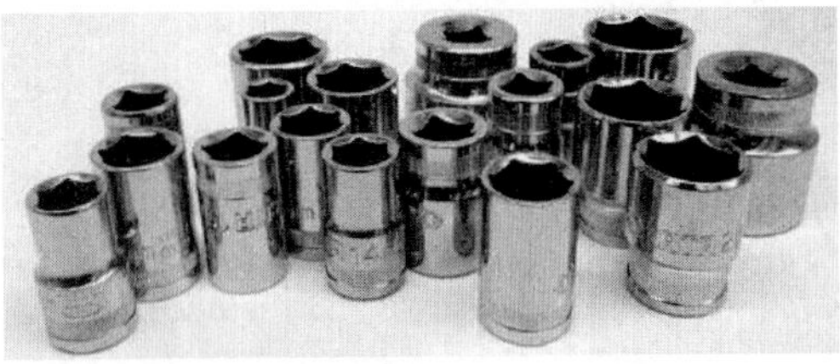	套筒	拆卸或拧紧螺栓或螺母
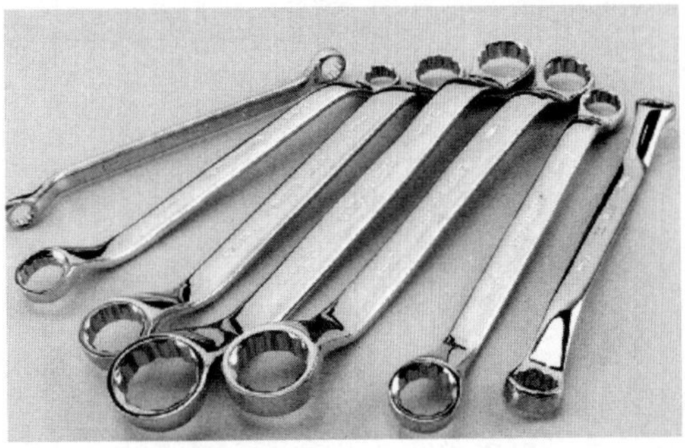	梅花扳手	拆卸或拧紧螺栓或螺母

续表

工具	名称	作用
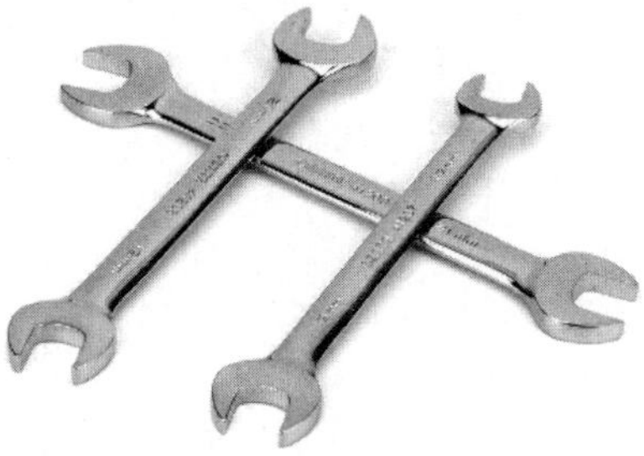	开口扳手	拆卸或拧紧螺栓或螺母
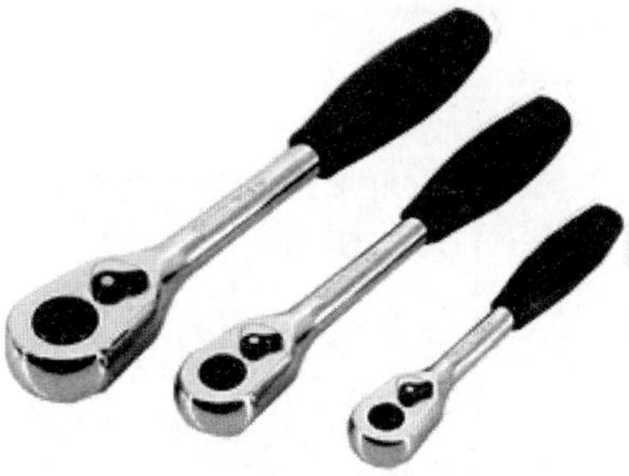	棘轮扳手	快速拆卸或拧紧螺栓或螺母
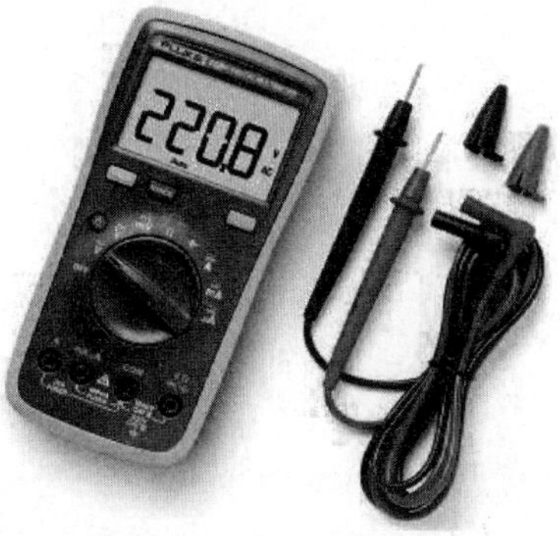	数字式万用表	测量电压、电流、电阻及二极管和三极管的通断等
	轮胎气压表	测量轮胎气压

续表

工具	名称	作用
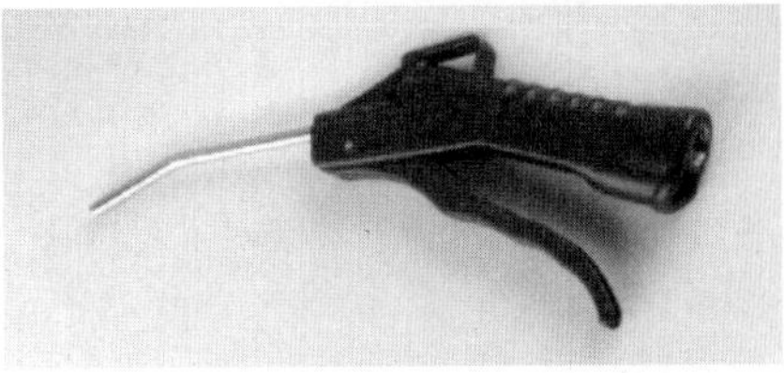	吹尘枪	在汽车维护、维修作业中用于除尘
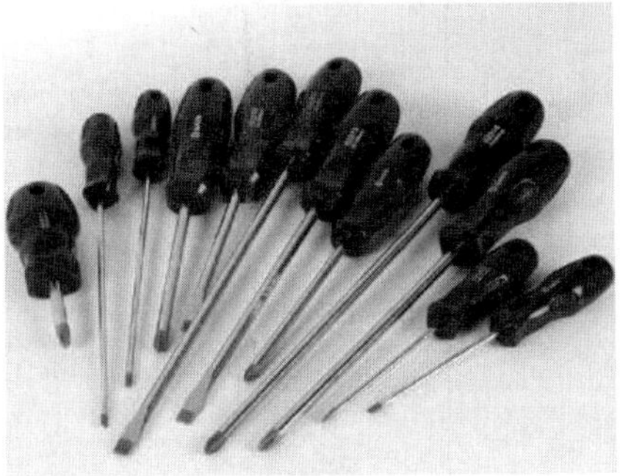	旋具	用来拧转螺钉以使其就位或用于撬动零部件
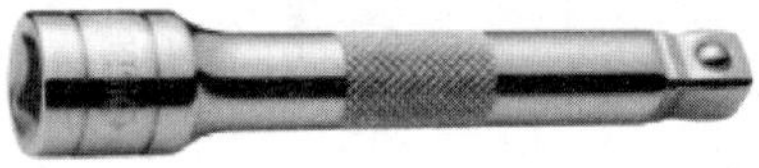	接杆	加装在套筒和配套扳手之间，用于拆卸及更换装得很深、仅凭套筒和扳手无法接触的螺栓或螺母
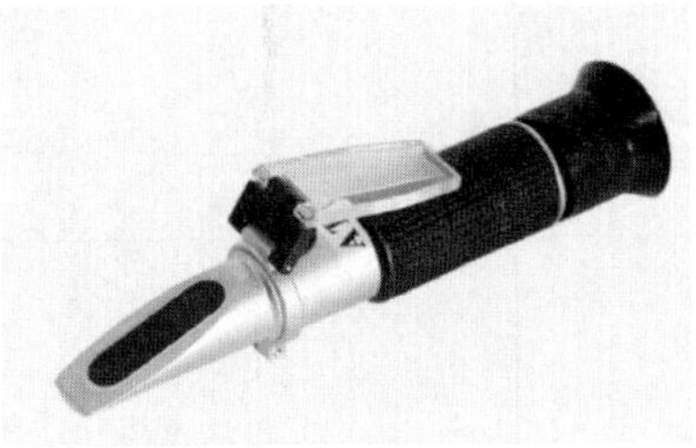	多功能液体检测仪	用于检测冷却液与玻璃清洗液冰点和电解液密度
	制动液含水量测试笔	检查制动液含水量

3. 车辆准备

维修工接到派工单后，应先识读及理解派工单的内容，按要求把车辆开到所需工位上，如图 2–2–1 所示。

（1）预检准备

甲、乙两名维修工分工合作，把待保养车辆安全移到工位上。（注意：车辆在车间内行驶速度不得大于 5 km/h）

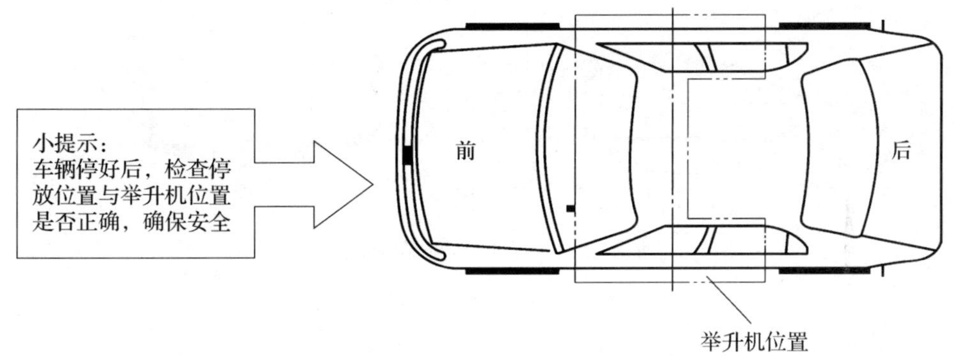

图 2–2–1　车辆放置准备

结合图 2–2–2，说明汽车检查前需要准备哪些工具、量具和辅助用品。查阅资料，了解这些工具的使用方法和注意事项，并回答下列问题。

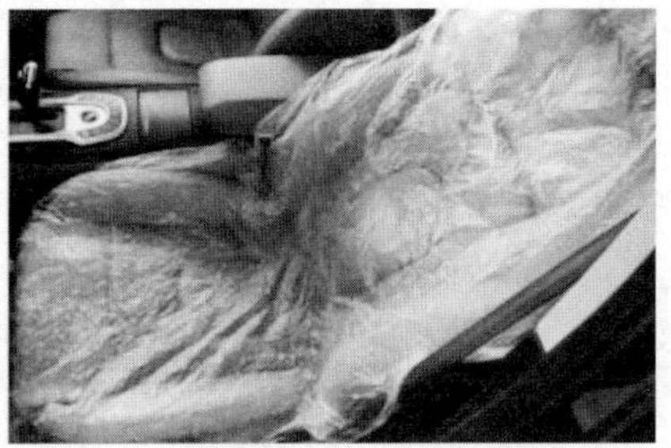

图 2–2–2　车内防护用品的铺装

1）试述所需工具、量具和辅助用品。

工具车、维修灯、多功能液体检测仪、轮胎气压表、制动液含水量测试笔、车外三件套、车内五件套等。

2）实际操作：请平整、迅速地铺上车外三件套和车内五件套（可以用小组比赛的形式开展教学）。

（2）预检工作流程

在检查车辆内部和外部时，从检查驾驶员座椅项目（位置 1）开始，然后按照图 2–2–3 中指示顺序，对车辆外部彻底检查一遍。

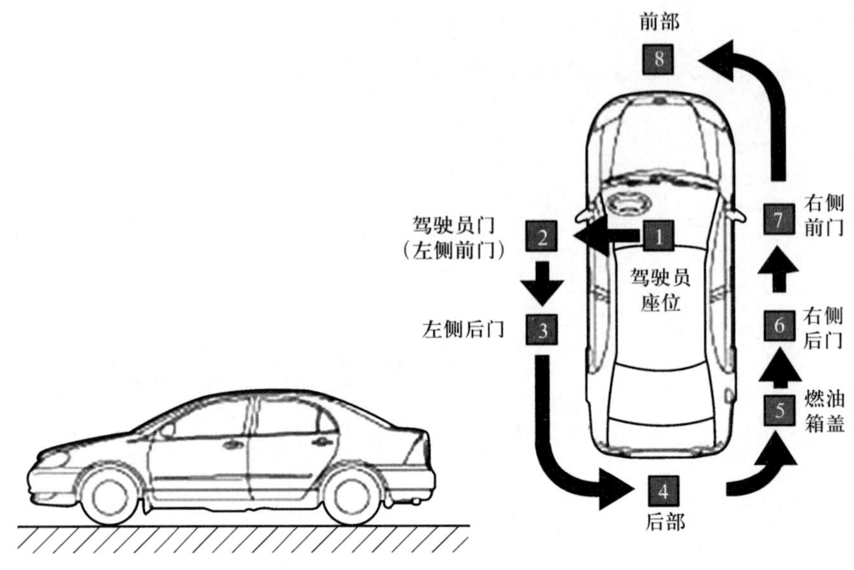

图 2–2–3　车辆外部检查流程

（3）举升机准备

举升机是汽车检查、维护、维修时的重要设备之一，查阅互联网及相关资料，回答下列问题。

1）调研一下目前汽车维修企业中常用的举升机类型，结合表 2–2–2，说明这三种类型举升机的名称和适用范围。

表 2–2–2　常用举升机名称和适用范围

图片	名称	适用范围
	剪式举升机（分为大剪举升机和小剪举升机）	大剪举升机主要用于汽车维修中轮胎、底盘的检修，是配合四轮定位仪的最佳设备。小剪举升机主要用于快修、保养及轮胎更换
	双柱举升机	用于中、小型汽修店，占地空间小，非常实用，主要用于钣金的拆装

续表

图片	名称	适用范围
	四柱举升机	主要用于四轮定位及维修小型面包车或轿车，还可用于维修自重比较大的面包车，如全顺、依维柯等大型车辆

2）以小组为单位，以双柱举升机为例，说明举升机的操作步骤，并在教师的指导下进行举升机的操作练习。

①待举升车辆驶入后，应调整举升机的支承块，使其对正该车型规定的举升点。举升臂应尽量缩到最小长度，并调节举升胶垫，以便使其与车辆均匀接触。

②支车时，四个支角应在同一平面上，调整支角胶垫高度，使其接触车辆底盘支承部位，使举升臂升至举升胶垫完全接触车辆，检查车辆是否支承到位。

③举升车辆时人员应离开，缓慢将车辆从地面升起，确保车辆不倾斜，各受力点受力处于平衡状态，再举升至所需工作高度。

④放开上升按钮，将车辆降低至安全保险位置，即可进行维修工作。

⑤放下车辆前应先举升车辆，将安全保险拉开，再按下降手柄，使车辆缓慢下降至举升臂放至最低位置为止，移开举升臂，驶出车辆。

3）举升机操作注意事项见表 2–2–3。

表 2–2–3　　　　举升机操作注意事项

图片	注意事项
	举升车辆前，将车轮垫木或其他轮胎挡块放在车轮下，以防止车辆移动。举升机的支架应在规定的举升点支住车辆。将车辆顶起后应采取适当的保护措施，在确保安全后再开始工作
	举升车辆前先确保车辆周围无人员或物品影响举升机正常工作
	将车辆举升至刚离开地面时，应晃动车辆，检查支承的可靠性

续表

图片	注意事项
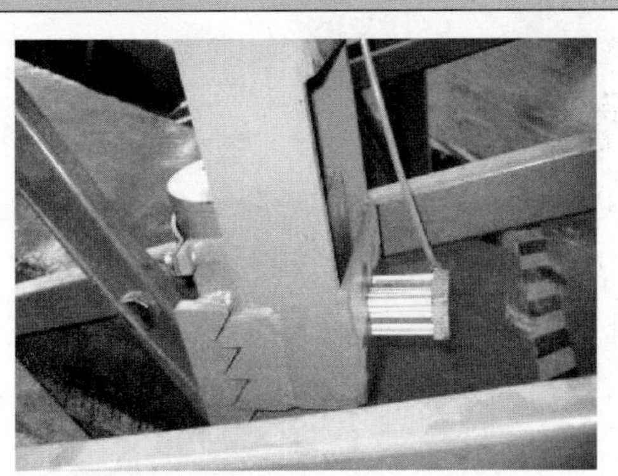	确保举升机的保险装置能正常工作

二、机油的正确选择

1. 请填写图 2-2-4 中机油的型号。

机油型号为 SAE5W-30。

图 2-2-4　机油

2. 发动机机油的作用

发动机机油的作用如图 2-2-5 所示，机油性能变化规律如图 2-2-6 所示。

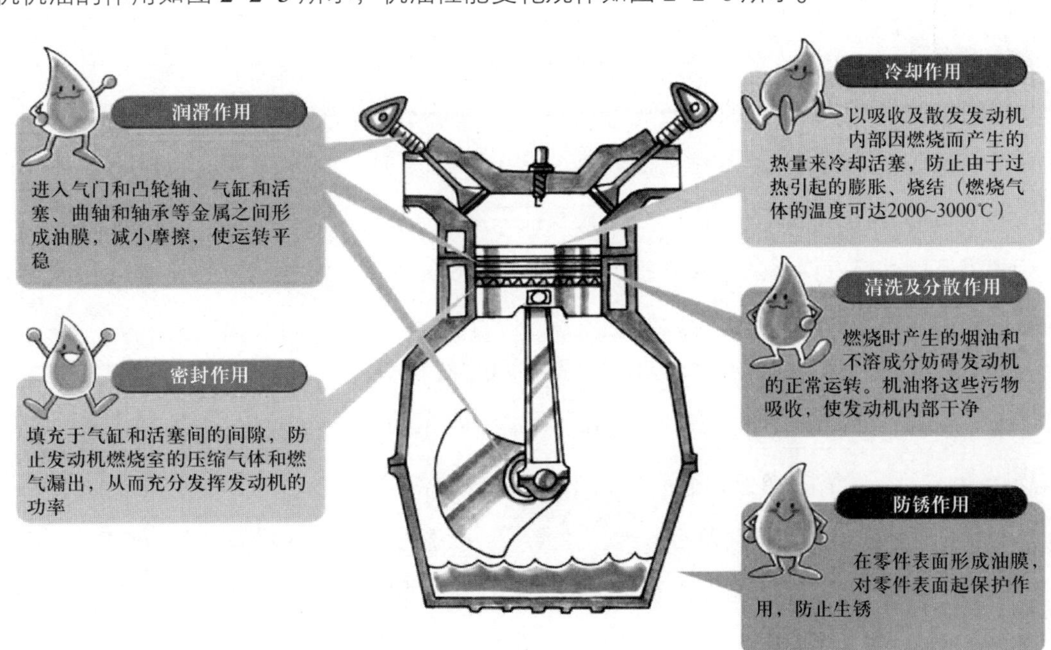

图 2-2-5　发动机机油的作用

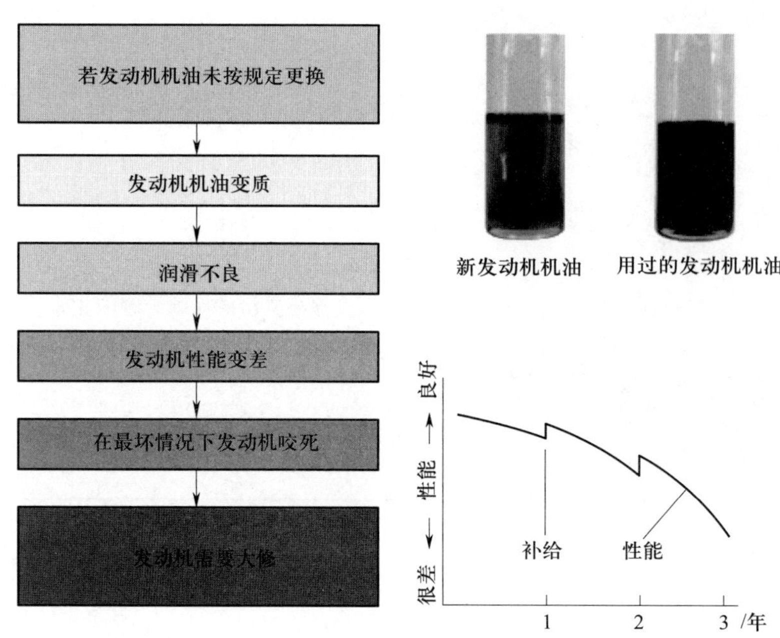

图 2-2-6　机油性能变化规律

为什么要定期更换发动机机油?

发动机在使用一段时间后，随着空气中粉尘的进入和机器磨损产生的金属屑进入机油，以及机油受热、运动，使其性能下降，如不及时更换机油，将会加速发动机各零部件的磨损，缩短发动机的使用寿命，甚至会造成抱瓦、拉缸、连杆断裂的事故。因此，应按说明书规定定期更换机油，保证发动机的正常使用。

3. 机油的黏度等级

（1）黏度等级的分类

机油的黏度等级包括机油的黏度和黏度指数两个指标。标识符中的 SAE（society of automotive engineers）是美国汽车工程师协会的英文缩写，后面的数字代表油品参照 SAE 标准划分的黏度等级，如图 2-2-7 所示。SAE 黏度等级根据不同黏度润滑油的适应温度范围将润滑油分成夏季用的高温型、冬季用的低温型和冬夏通用的全天候型三种型号的润滑油，具体含义如下：

1）高温型。共包括五个黏度等级，分别是 SAE20、SAE30、SAE40、SAE50、SAE60，数字表示 100 ℃时的黏度，数字越大，黏度__越高__，__高温__下保护性能越好。

2）低温型。共包括六个黏度等级，分别是 SAE0W、SAE5W、SAE10W、SAE15W、SAE20W、SAE25W，W 是 winter（冬天）的首字母，表示仅用于冬天，数字__越小__，黏度越低，__低温__流动性越好。

3）全天候型。现在的机油都根据外界环境温度进行选择，如果是冬夏通用，要以冬季温度为基准进行选择。

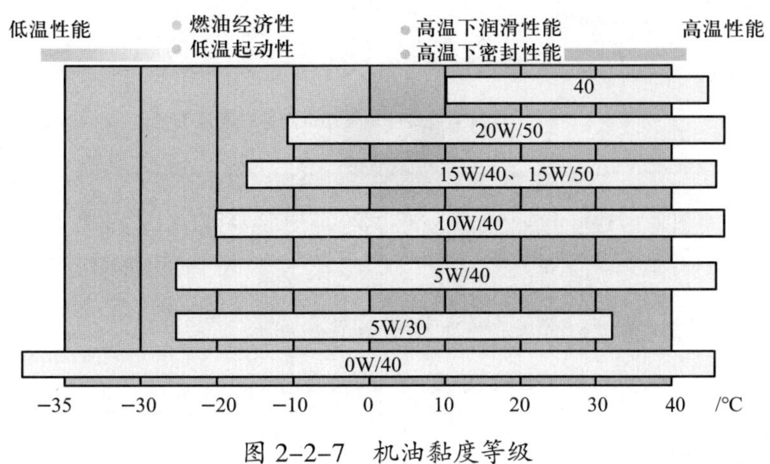

图 2-2-7　机油黏度等级

注意：黏度等级和黏度不是一回事，而且它们之间没有换算公式，黏度等级只表示润滑油的适应温度，但黏度可以参照对应的黏度等级标准查找出来。选择时应使黏度等级的适应温度比当地最低气温低 10 ℃左右。

（2）黏度等级的选择

查阅资料，试述机油黏度等级的选择方法。

1）根据环境温度选择。

2）根据车辆选择。选择机油黏度时还必须考虑车的新旧程度，新车的发动机零部件间隙很小，所以应选择黏度较低的机油，若机油黏度高，流动性不好，会使发动机润滑和散热不良，加剧磨损；而老旧车辆由于长期磨损导致机油压力不足时，就应加入黏度高的机油以增高油压。

3）根据驾驶习惯选择。重载低速和高速下应选用黏度较高的发动机机油，轻载高速应选择黏度低的发动机机油。

4. 机油的质量等级

API 是美国石油学会的英文缩写，API 等级代表发动机机油质量的分类，它采用简单的代码描述发动机机油的工作能力，如图 2-2-8 所示。API 发动机机油分为汽油机用油和柴油机用油两类，用第一个字母加以区别，其中 S 系列代表＿＿汽油机＿＿用油，C 系列代表＿＿柴油机＿＿用油，当 S 和 C 两个字母同时存在时，则表示此机油为汽油机和柴油机通用型。如 S 在前，则主要用于汽油发动机；反之，则主要用于柴油发动机。

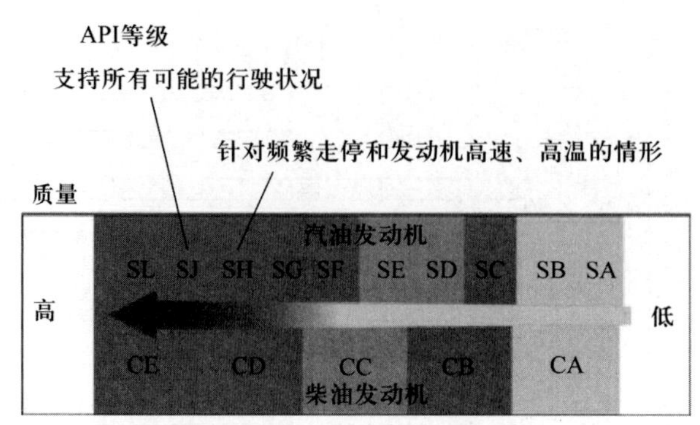

图 2-2-8　机油质量等级

（1）如何选择机油质量等级?

根据汽车使用手册要求选择合适的等级。根据发动机压缩比选择，压缩比小于 7.5 时选择 SG 以下级别；压缩比在 7.5～8.5 之间选择 SG～SJ 级别；压缩比大于 8.5 选择 SJ 以上级别。

注意：安装三元催化转化器的电喷车必须使用含磷量在 0.12% 以下的机油。如果机油中的含磷量过高，就会导致催化剂失效，使三元催化转化器的使用寿命缩短，无法降低废气排放量。要保证含磷量在 0.12% 以下，应选择 API 等级中 SH 及其以上级别的油品。因此，如果实训车辆是电喷车且安装了三元催化转化器，在添加机油时应选用 SH 及其以上级别的机油，这样才能保证车辆行驶起来顺畅、安全。

（2）请根据上述机油的黏度和质量标准，给实训车辆选择一款型号合适的机油。

根据实际情况填写。

（3）什么是合成油和矿物油?

目前市面上的机油按照基础油的不同分为矿物油、部分合成油（俗称半合成油）和全合成油。矿物油是指从原油里面直接精炼出来的，没有经过人工添加和变化的油；合成油是指经过人工的方法，包括裂解、聚合等生产出来的油。如果生产机油所用的基础油全都由合成油制成，那就称为全合成油。

三、学习过程评价

学习过程评价见表 2–2–4。

表 2–2–4 学习过程评价表

<table>
<tr><td>班级</td><td></td><td>姓名</td><td></td><td>学号</td><td></td><td>日期</td><td>年 月 日</td></tr>
<tr><td>序号</td><td colspan="5">评价要点</td><td>配分</td><td>得分</td><td>总评</td></tr>
<tr><td>1</td><td colspan="5">能正确识读及填写工作页，明确学习活动要求</td><td>10</td><td></td><td rowspan="7">A□（86～100）
B□（76～85）
C□（60～75）
D□（60 以下）</td></tr>
<tr><td>2</td><td colspan="5">能查阅资料，描述工具、量具、仪器、设备的作用和使用方法</td><td>30</td><td></td></tr>
<tr><td>3</td><td colspan="5">能查阅资料，正确选择机油</td><td>30</td><td></td></tr>
<tr><td>4</td><td colspan="5">能遵守劳动纪律，以积极的态度接受工作任务</td><td>10</td><td></td></tr>
<tr><td>5</td><td colspan="5">能积极参与小组讨论，发挥团队合作精神</td><td>10</td><td></td></tr>
<tr><td>6</td><td colspan="5">能及时完成教师布置的任务</td><td>10</td><td></td></tr>
<tr><td colspan="6">总 分</td><td>100</td><td></td></tr>
<tr><td>小结
建议</td><td colspan="8"></td></tr>
</table>

学习活动3　首次维护车辆外部检查

学习目标

1. 能描述首次维护车辆外部检查内容。

2. 能描述首次维护车辆外部检查方法。

3. 能掌握车辆外部检查用工具和量具的使用方法，了解工具和量具使用安全事项。

建议学时　6学时

学习过程

一、首次维护车辆外部检查内容

1. 车辆外部检查项目

通过识读首次维护车辆检查单，叙述车辆外部检查的作业项目。

车辆外部检查的作业项目包括玻璃检查、外饰件检查、车灯检查、后视镜检查、刮水器检查、车漆检查、车身配合间隙检查、油箱盖与车身的配合检查、倒车雷达和倒车摄像头的检查、车辆轮辋和装饰盖的检查等。

2. 车身漆面的检查

（1）检查车身漆面时一般采用近距离目视的方法，从正面、侧面等多方向进行目视检查。

（2）仔细观察图2–3–1所示的照片，迅速、准确地说出这些汽车车身漆面存在的质量问题属于哪种类型。（请在下列范围内选择：鱼眼、针孔、起泡、水印、剥落、龟裂）

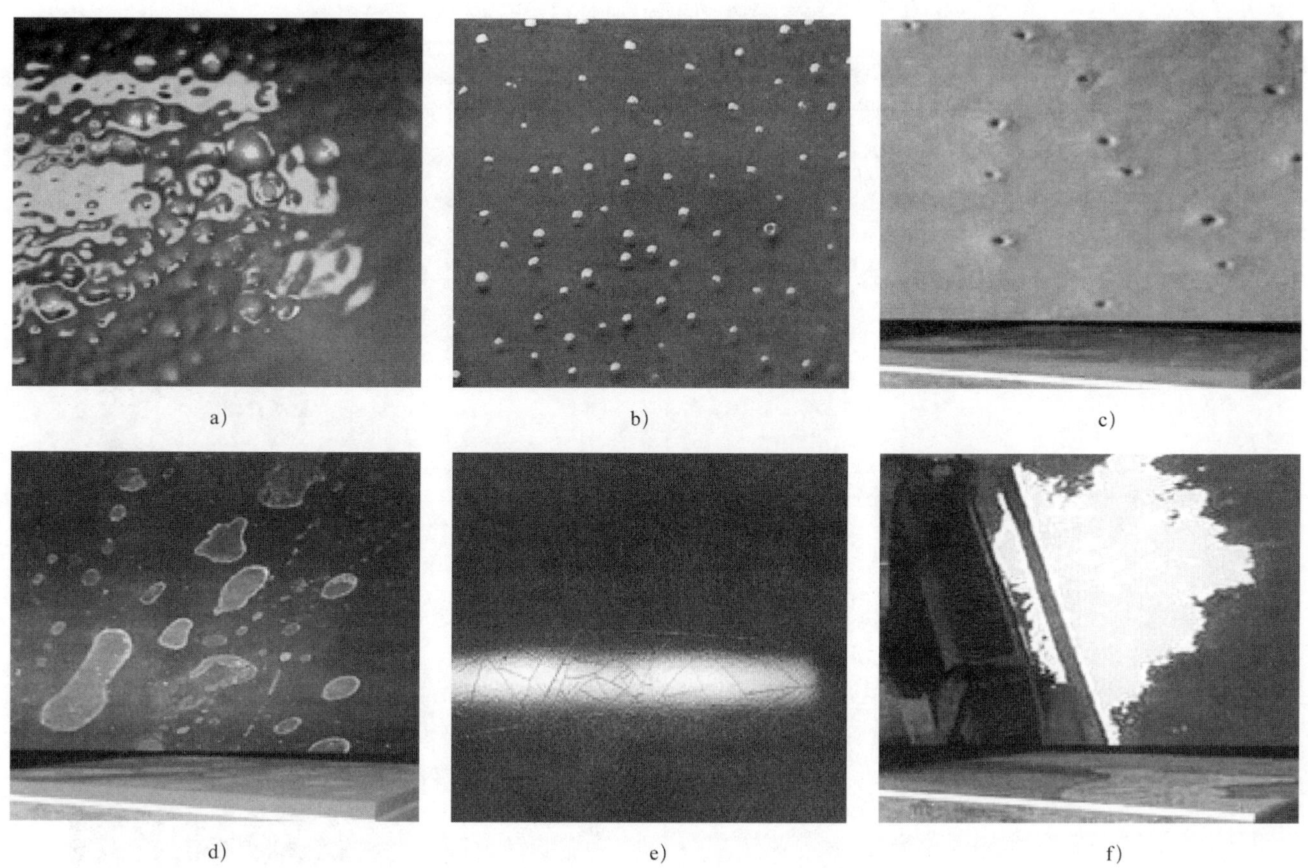

图 2-3-1　汽车车漆缺陷表现形式

a）鱼眼　b）起泡　c）针孔

d）水印　e）龟裂　f）剥落

二、检查方法

1. 整体检查

整体检查见表 2-3-1。

表 2-3-1　整体检查

检查项目	检查规范和检查记录	检查示范
玻璃检查	检查前、后风窗玻璃和车窗玻璃有无损伤	

续表

检查项目	检查规范和检查记录	检查示范
外饰件检查	检查____装饰条、徽标、防水条____有无损伤	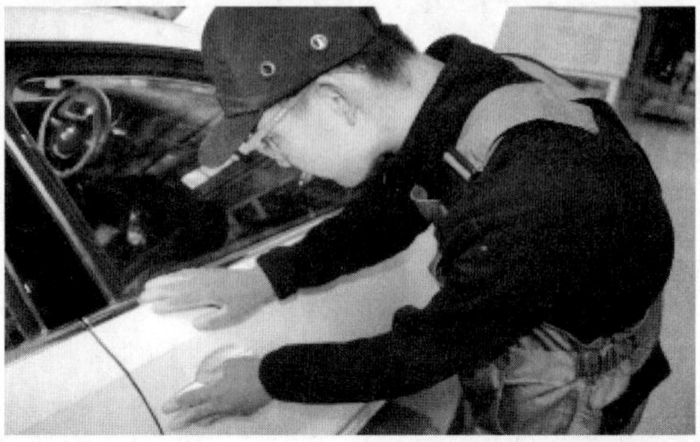 
车灯检查	检查所有车灯灯罩有无____擦伤____、____划痕____和____裂纹____	
后视镜检查	检查后视镜有无____擦伤____、划痕和裂纹	

续表

检查项目	检查规范和检查记录	检查示范
刮水器检查	检查刮水器的刮臂和刮片有无<u>变形</u>或其他损伤	
车漆检查	在距离车辆<u>1</u>m的位置，从不同的角度目视检查车身，确认漆面有无<u>凹坑</u>、<u>擦伤</u>、<u>划痕</u>或其他损伤	

2. 车身配合间隙的检查

车身配合间隙的检查见表 2–3–2。

表 2–3–2 车身配合间隙的检查

检查项目	检查规范
发动机舱盖、行李舱盖与两侧翼子板的配合间隙	检查并确认发动机舱盖、行李舱盖与两侧翼子板的配合间隙<u>均匀</u>、<u>左右对称</u>、<u>平整一致</u>
前、后保险杠与翼子板配合间隙	检查并确认前、后保险杠与翼子板配合间隙均匀、平整一致
前、后保险杠与发动机舱盖、行李舱盖的配合间隙	检查并确认前、后保险杠与发动机舱盖、行李舱盖的配合间隙<u>均匀</u>
四个车门与车身的配合间隙	检查并确认四个车门与车身的配合间隙均匀、平整一致

3. 油箱盖与车身的配合检查

油箱盖与车身的配合检查见表 2–3–3。

表 2–3–3　油箱盖与车身的配合检查

检查项目	检查规范
与车身配合间隙检查	检查并确认油箱盖在关闭的状态下与车身的配合间隙均匀、对称、平整一致
解锁状态检查	检查并确认油箱盖在车门＿解锁＿的状态下能打开
标识检查	检查并确认油箱盖上的标签粘贴牢固，标签上的图标和字体清晰、正确

4. 倒车雷达和倒车摄像头的检查

倒车雷达和倒车摄像头的检查见表 2–3–4。

表 2–3–4　倒车雷达和倒车摄像头的检查

检查项目	检查规范
倒车雷达的检查	检查并确认倒车雷达感应器安装牢固
	检查并确认倒车雷达感应器与后保险杠表面颜色一致 检查记录：根据实际检查情况填写
倒车摄像头的检查	检查并确认倒车摄像头安装是否＿牢固＿、表面有无损坏或污垢

5. 车辆轮辋、轮胎充气阀和装饰盖的检查

车辆轮辋、轮胎充气阀和装饰盖的检查见表 2–3–5。

表 2–3–5　车辆轮辋、轮胎充气阀和装饰盖的检查

检查项目	检查规范
轮辋外观的检查	轮辋外观应无＿磕碰＿、＿划痕＿
轮胎充气阀和装饰盖的检查	轮胎充气阀和装饰盖不得缺失

三、检查记录

请按照检查流程，对车辆外观进行检查，并将检查情况记录在表 2–3–6 中。

表 2–3–6　检查记录表

检查项目	检查记录	有无问题
前保险杠		
发动机舱盖		
左前翼子板		

续表

检查项目	检查记录	有无问题
左后视镜		
左后翼子板		
行李舱盖		
后保险杠		
右后翼子板		
右前翼子板		
车顶		
车灯		
油箱盖		
车窗玻璃（前、后风窗玻璃，左、右车窗玻璃）		
右后视镜		
刮水器		
车门		
车门装饰条		
其他		

注：本表由学生根据实际情况填写。

四、学习过程评价

学习过程评价见表 2–3–7。

表 2–3–7 学习过程评价表

<table>
<tr><td>班级</td><td></td><td>姓名</td><td></td><td>学号</td><td></td><td>日期</td><td>年 月 日</td></tr>
<tr><td>序号</td><td colspan="5">评价要点</td><td>配分</td><td>得分</td><td>总评</td></tr>
<tr><td>1</td><td colspan="5">能正确识读及填写工作页，明确学习活动要求</td><td>10</td><td></td><td rowspan="8">A□（86～100）
B□（76～85）
C□（60～75）
D□（60 以下）</td></tr>
<tr><td>2</td><td colspan="5">能查阅资料，写出车辆外部检查内容</td><td>10</td><td></td></tr>
<tr><td>3</td><td colspan="5">能查阅资料，写出车辆外部检查方法</td><td>20</td><td></td></tr>
<tr><td>4</td><td colspan="5">能正确完成车辆外部检查，并进行详细记录</td><td>30</td><td></td></tr>
<tr><td>5</td><td colspan="5">能遵守劳动纪律，以积极的态度接受工作任务</td><td>10</td><td></td></tr>
<tr><td>6</td><td colspan="5">能积极参与小组讨论，发挥团队合作精神</td><td>10</td><td></td></tr>
<tr><td>7</td><td colspan="5">能及时完成教师布置的任务</td><td>10</td><td></td></tr>
<tr><td colspan="6">总 分</td><td>100</td><td></td></tr>
<tr><td>小结
建议</td><td colspan="8"></td></tr>
</table>

学习活动 4　首次维护发动机舱检查与维护

学习目标

1. 能使用维修手册，确定首次维护发动机舱检查项目。
2. 能正确检查冷却液。
3. 能正确选择及更换机油。
4. 能正确完成发动机进气系统的检查与维护。
5. 能正确完成发动机点火系统的检查与维护。
6. 能正确完成蓄电池和熔丝的检查与维护。
7. 能正确完成发动机舱其他项目的检查与维护。

建议学时　12 学时

学习过程

一、首次维护发动机舱检查项目

1. 确定发动机舱检查项目

首次维护发动机舱检查及维护项目见表 2-4-1。

表 2-4-1　　首次维护发动机舱检查及维护项目

序号	检查及维护项目
1	检查各连接线路连接端子是否牢固及线束的完好情况。必要时进行紧固
2	检查冷却系统是否渗漏以及冷却液液位和防冻能力。必要时补充原装冷却液
3	检查刮水器、清洗装置。必要时加注玻璃清洗液
4	检查空调管路的固定情况及有无损坏和渗漏。必要时进行更换
5	检查动力转向系统是否渗漏及液面高度。必要时加注转向助力油
6	更换发动机机油和机油滤清器并检查发动机机油液位。必要时进行添加

续表

序号	检查及维护项目
7	检查进气系统各部件是否完好。必要时进行更换
8	更换空气滤清器
9	检查制动系统管路是否渗漏及制动液储液罐液面高度。必要时修补或添加
10	检查变速器油位（如有检查油尺）。必要时进行添加
11	检查蓄电池电压及正、负接线柱是否牢固。必要时进行充电和紧固
12	检查熔丝盒内的熔丝是否完好。必要时进行更换

发动机舱内包含哪些部件？请参考图 2–4–1，分别将部件位置编号与名称对应起来。

图 2–4–1　发动机舱的结构（以新速腾轿车为例）

编号＿2＿是发动机机油加注口，编号＿4＿是制动液加注口，编号＿5＿是冷却液储液罐加注口，编号＿9＿是玻璃清洗液加注口，编号＿8＿是刮水器，编号＿6＿是熔丝盒，编号＿3＿是蓄电池，编号＿7＿是节气门体，编号＿1＿是发动机机油尺。

2. 机油

（1）机油的主要功能有＿润滑＿、＿冷却＿、＿防腐＿、＿清洗＿、＿密封＿。

（2）如图 2–4–2 所示，发动机机油液位在机油尺上＿a＿区必须添加机油，＿b＿区不必添加机油，＿c＿区不得添加机油。

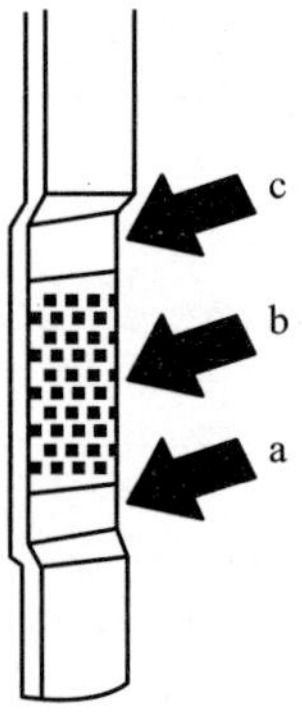

图 2–4–2　机油尺

3. 冷却液

在选择或配制冷却液时，其冰点应该比该地区最低温度低 10 ℃左右，以确保在特殊情况下冷却液不会冻结。车辆在长时间使用过程中，冷却液会有一定消耗，可能会导致其冰点产生变化。因此，在汽车维护过程中有必要重新测定冷却液冰点，以确保被保养车辆的冷却液在冬季不会发生冻结。

提示

如果出现不明原因的液体损失，须查明原因并排除故障。

禁止在发动机热态下直接拧开散热器或冷却液储液罐的密封盖，以免冷却液沸腾并飞溅出来，造成严重烫伤。

用多功能液体检测仪测量冷却液冰点的方法如图 2-4-3 所示。

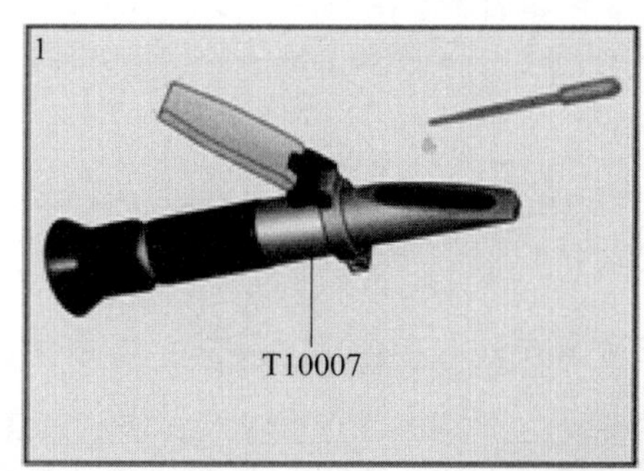

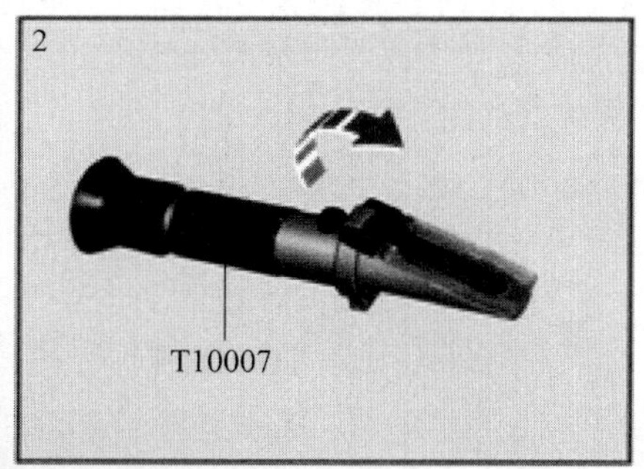

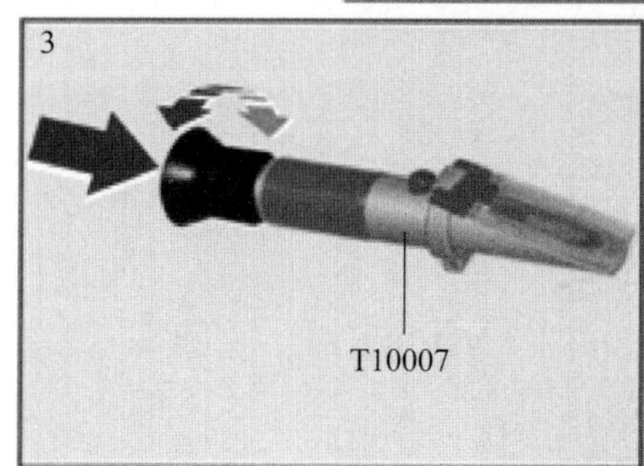

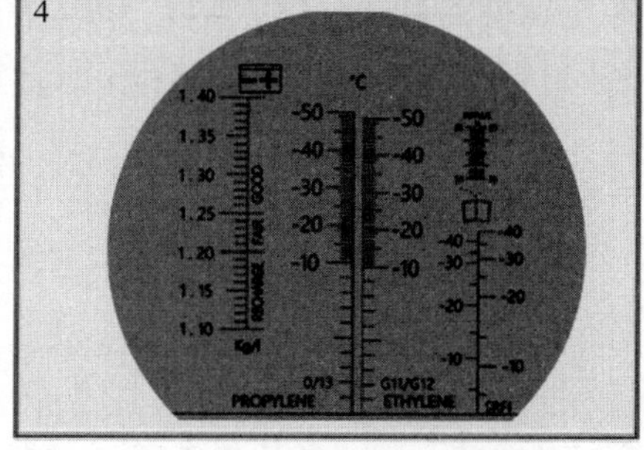

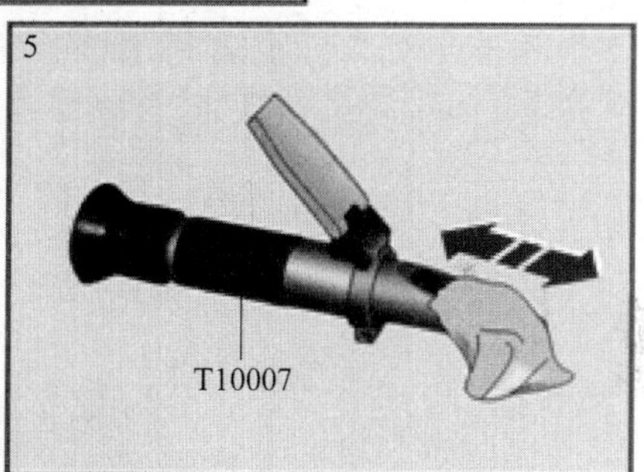

图 2-4-3　用多功能液体检测仪测量冷却液冰点的方法

1—取冷却液　2—涂布冷却液　3—测量　4—读数　5—清理仪器

（1）检查冷却液液位时发动机应处于____A____。

A. 冷态　　　　B. 热态

（2）冷却液液位应位于____C____。

A. 上刻度　　　　B. 下刻度

C. 上刻度与下刻度之间　　　　D. 下刻度之下

4. 蓄电池

蓄电池的主要作用是在车辆起动时为起动机提供所需电力，并在发动机供电不足或者未起动时为车内用电器（如音响系统、照明系统等）提供电源，而发动机开始正常供电后，蓄电池储存电能。蓄电池的静态电压为____11.8____V 到____12.8____V 之间。发动机运转时，蓄电池电压应在____13.2____V 到____14.8____V 之间。蓄电池电压的测量方法如图 2-4-4 所示。

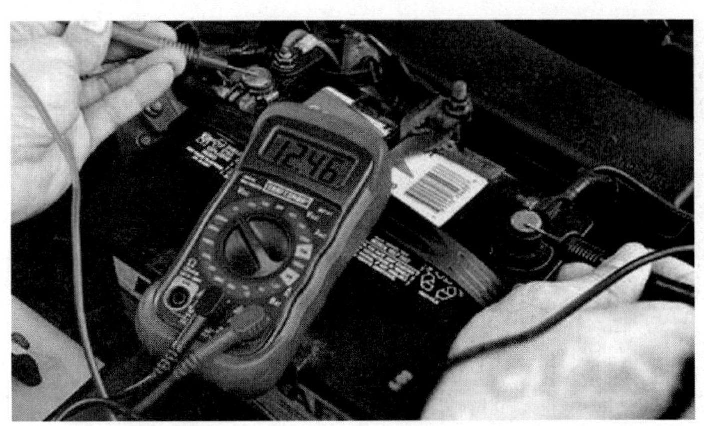

图 2-4-4　蓄电池电压的测量方法

（1）蓄电池电量观察孔显示情况

蓄电池的电量观察孔（简称电眼）（见图 2-4-5）提供蓄电池电解液存电状态，免维护铅酸蓄电池均带有电眼。

蓄电池电眼的主要作用是让使用者可以直观地看清楚蓄电池的存电状态。其主要原理如下：电眼底部有个小浮球，而在蓄电池使用过程中，随着电解液密度的变化，浮球的高度会变化，通过折射后，电眼显示的状态就不一样，从而达到判断蓄电池存电状态的目的。

电眼主要分以下三种状态：（不同厂家蓄电池电眼的颜色可能不一样）

绿色或者蓝色表示蓄电池＿＿电量充足＿＿，黑色或者红色表示蓄电池＿＿亏电＿＿，白色表示蓄电池＿＿需要更换＿＿。

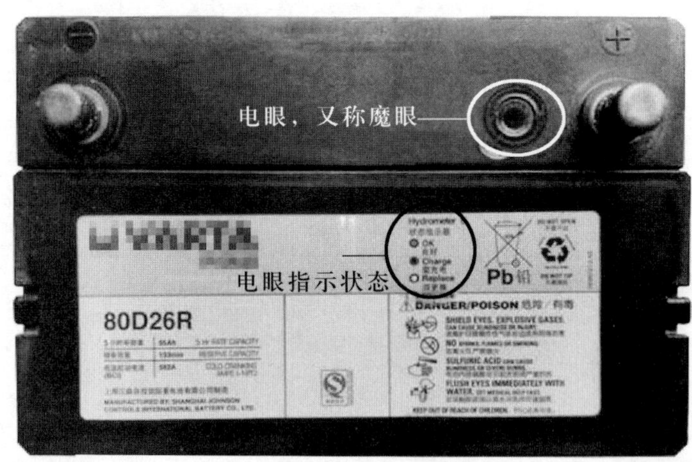

图 2-4-5　蓄电池的电眼

（2）蓄电池外观及固定情况

蓄电池外观及接线柱如图 2-4-6 所示。免维护铅酸蓄电池所使用的电解液是含有硫酸的硅胶体电解液。硅胶体电解液具有腐蚀性，如果蓄电池壳体破裂，电解液流出，周围的电器、线路、各种管路都将受到侵蚀，后果极为严重。如果发现蓄电池的两侧出现比较明显的膨胀变形或鼓包的情况，或者观察到蓄电池接线柱上出现了一

图 2-4-6　蓄电池外观及接线柱

些白色或绿色粉末状的物质，这些是蓄电池的氧化物，如果出现这些现象，就意味着蓄电池已出现漏液现象。

蓄电池一般安装在发动机舱内，要求紧固牢靠，汽车在高低不平的路上颠簸行驶时，蓄电池不得在安装座中上下、左右窜动或发生撞击，以免壳体震裂、接线柱松动或内部极板受损。

蓄电池正、负极上的螺栓要按照规定扭矩拧紧，不能松动。如果连接处松脱，接触电阻增大，就会造成起动机起动无力或无法起动。

另外要注意检查接线柱与连接导线接头之间的接触表面是否有严重氧化现象或污垢，如有，即使连接螺母没有松动，电流流过此处时电阻仍很大，同样会造成发动机起动困难或无法起动。

通过查阅资料，完成以下问题：

1）蓄电池电极为什么会出现腐蚀现象？

①蓄电池密封质量不好，导致蓄电池使用过程中会有电解液溢出，电解液将接线柱腐蚀。

②蓄电池的使用时间过长，蓄电池内部的电解液挥发出来慢慢地与蓄电池接线柱发生化学反应。

③蓄电池的充电电流过大，导致蓄电池内部的电解液挥发，电解液与接线柱发生化学反应。

2）如果蓄电池接线柱松动会出现什么故障现象？

起动发动机时，仪表盘会出现黑屏现象。

3）如何断开及连接蓄电池接线柱？

应先断开蓄电池负极接线，再断开正极接线。安装时先安装正极接线，再安装负极接线。

5. 熔丝盒

一般每辆车有两个熔丝盒，一个位于____发动机舱内____，管理着汽车外部的用电器，如发动机控制单元、喇叭、刮水器、防抱死制动系统、前照灯等；另一个在驾驶员左侧附近，管理着车内的用电器，如车窗升降器、安全气囊、电动座椅、点烟器等。

（1）熔丝的作用

当电路中用电器负载过大或电路中有短路的情况而导致电流异常并超过____额定____电流时，熔丝熔断起到保护电路的作用。常见熔丝类型如图 2-4-7 所示。

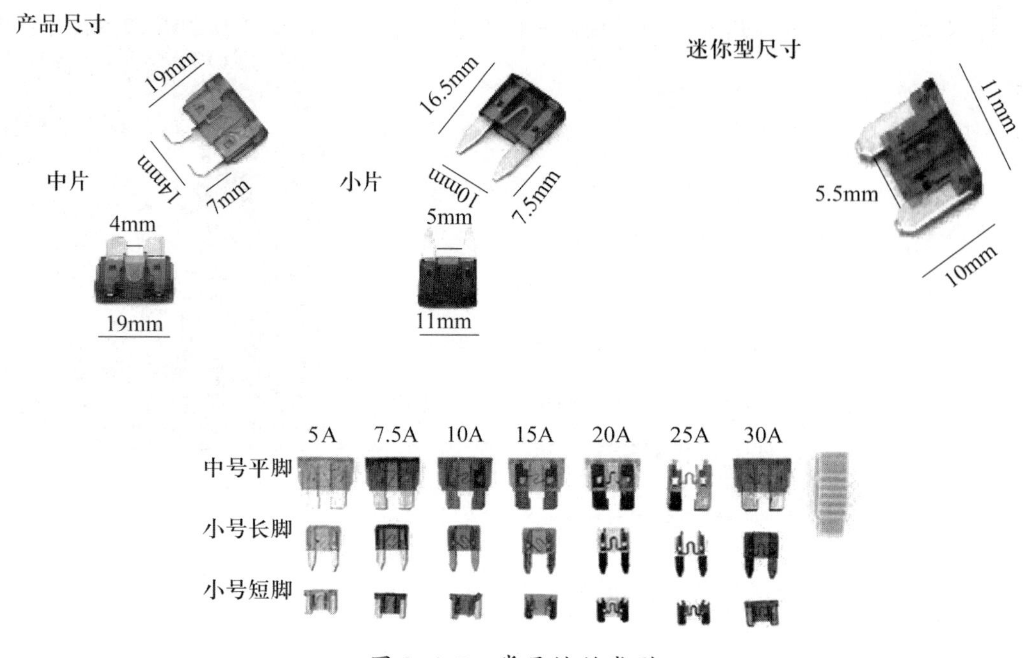

图 2-4-7 常见熔丝类型

（2）熔丝的类型

熔丝分为中号和小号，每种型号中又有长脚和短脚之分。中号适用于德系车，小号适用于美系车，小号短脚适用于日系车。熔丝盒的位置如图 2-4-8 所示。

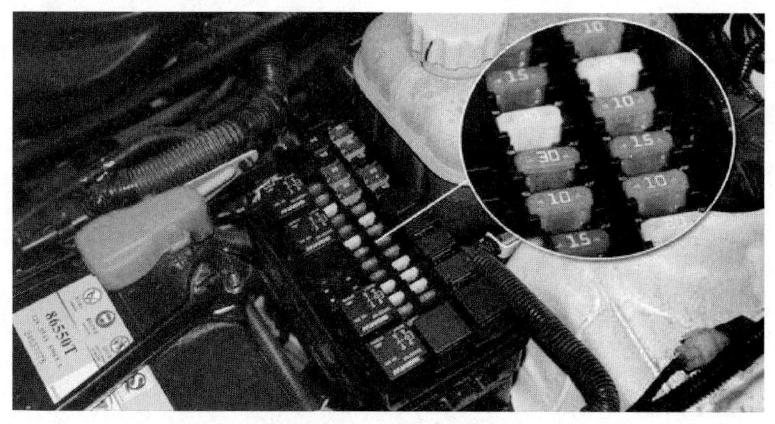

图 2-4-8 熔丝盒的位置

汽车插片式熔丝的规格一般为 2～40 A，其额定电流值会在熔丝的顶端标注。为避免因熔丝外壳损坏而导致看不清其顶部标注的额定电流值，在制作时不同额定电流值的熔丝采用不同颜色，更换时只需确定其颜色相同即可。

为便于更换熔丝，在每辆车的熔丝盒内都设置一个专门的夹子，用于将熔丝取下，如图 2-4-9 所示。

通过查阅资料回答下列问题：

红色熔丝的规格是__10__A，透明色熔丝的规格是__25__A，蓝色熔丝的规格是__15__A，黄色熔丝的规格是__20__A，绿色熔丝的规格是__30__A，咖啡色熔丝的规格是__7.5__A。

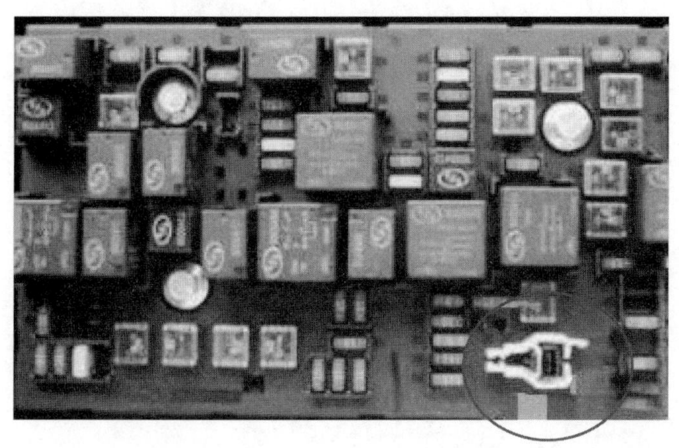

图 2-4-9　熔丝盒

6. 动力转向系统

动力转向系统如图 2-4-10 所示。

图 2-4-10　动力转向系统

（1）转向系统液压油的检查与加注

为什么要对动力转向系统进行渗漏检查和液压油液面检查?

动力转向系统的工作介质为液压油。如果出现渗漏现象，则动力转向系统将失效，无法实现助力的功能。如果在行驶中动力转向系统失效，就有可能产生严重的后果。

1）如果液压油液面过低，液压系统无法得到足够的补充油液，动力转向系统会失效。

2）若液压管路固定不良，在行驶过程中就会摇摆，与周围的部件碰触、摩擦，使其过早老化、磨损，甚至破裂，最终导致动力转向系统失效。

3）对于发生过碰撞的事故车辆，在碰撞部位要仔细检查液压管路是否受损或渗漏。剧烈碰撞对液压管路和部件都有可能造成损伤。如果出现渗漏，则动力转向系统将失效。

（2）动力转向系统渗漏的检查

动力转向系统渗漏分为__外部__渗漏和__内部__渗漏两种。

1）检查外部渗漏。先将可疑部位、各油管接头和密封处擦干，然后再查看是否有渗漏处。有时滴液点不一定是实际渗漏点，这时应起动发动机，左右转动转向盘数次后再查看滴液点。为防止外部渗漏的发生，各油管接头必须拧紧，各压板、卡箍和油管支承均位于正确位置并被正确固定。

2）检查内部渗漏。将压力表接到动力转向系统中，先打开压力表阀门，向左和向右将转向盘均转到底，并记录最高油压值。如转向盘转到左、右极限位置时最高油压不同，说明动力转向系统有内部渗漏，应拆解并维修动力转向系统。

（3）动力转向系统各管路的检查

动力转向系统的管路不能有扭曲、打结或硬弯现象。软管必须有足够的弯曲部分，以便车辆运行时吸收位移并补偿软管的收缩。检查软管时，车轮应先处于正前方位置，然后将车轮向左和向右转到__极限__位置，同时查看软管的移动情况。如果软管与车辆其他部件有接触，会发生摩擦和磨损，应予以纠正。

（4）液位检查

1）关闭发动机，将动力转向系统液压油加注至__MAX__刻线处。

2）起动发动机，注意储液罐内转向助力油液面的变化。只要液面还在下降就应不断加注，直到液面停留在 MAX 刻线处并且储液罐内不再冒气泡为止。

3）将转向盘向左右两侧转至极限位置，在瞬间停留，以产生最高油压，然后检查分配阀、叶轮泵、油管接头是否漏油。

7. 制动系统

（1）检查制动软管是否__老化__。

（2）检查制动软管和制动管路是否有擦伤。

（3）检查制动软管的接头和固定夹是否牢靠，是否存在__渗漏__和__腐蚀__现象。

（4）检查制动液__液位__，必要时进行添加。制动液储液罐如图 2-4-11 所示。

图 2-4-11　制动液储液罐

二、发动机舱检查方法

1. 操作前准备工作

操作前准备工作见表 2-4-2。

表 2-4-2　操作前准备工作

操作项目	操作规范	操作示范
着装	要求学生着装规范，穿好＿工作服、工作鞋＿，戴好＿工作帽＿	
车内防护	安装车内五件套（纸脚垫、座椅套、转向盘套、变速杆套、驻车制动器操纵杆套），同时拉紧驻车制动器操纵杆，将挡位置于＿空挡＿，拉动发动机舱盖释放杆	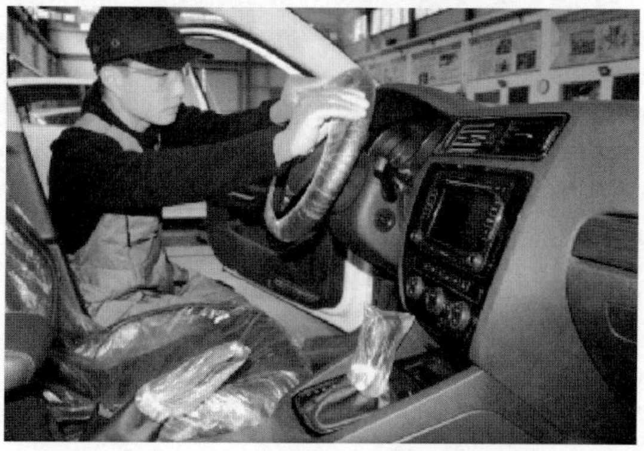

续表

操作项目	操作规范	操作示范
车外防护	铺装车外三件套	
车外安全	放置___车轮挡块___，安装尾气抽排装置	 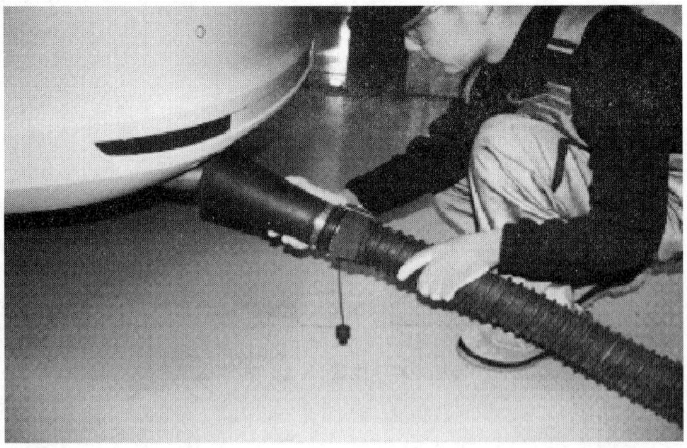

2. 冷却系统部件和冷却液的检查

（1）冷却液液位和冷却系统部件的检查见表 2–4–3。

表 2-4-3　　冷却液液位和冷却系统部件的检查

检查项目	检查规范和检查记录	检查示范
检查冷却液液位	在发动机处于冷态时检查冷却液储液罐的液位，看其是否在__MIN__和__MAX__刻线间。当冷却液液位过低时，根据规定添加合适的冷却液	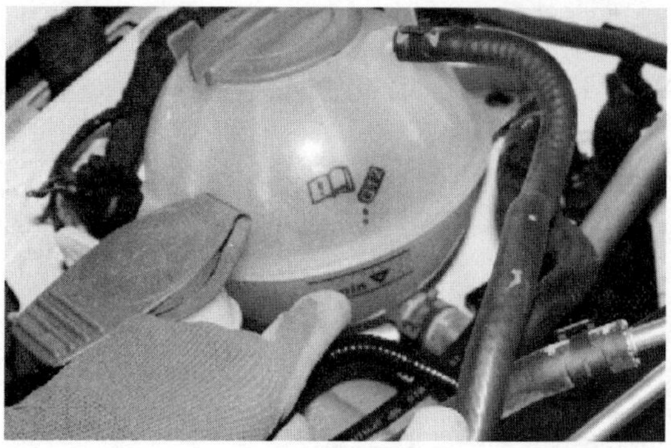
检查冷却系统部件	检查冷却系统管路有无__老化、裂纹、漏水__现象。检查散热器、冷却风扇的完好情况，必要时进行更换	

（2）冷却液冰点的检查见表 2-4-4。

表 2-4-4　　冷却液冰点的检查

检查项目	检查规范和检查记录	检查示范
准备	打开多功能液体检测仪盖板，用__软布__仔细擦净检测棱镜	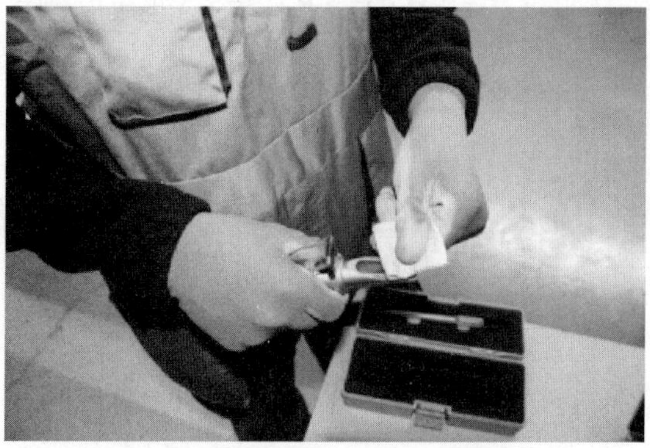

续表

检查项目	检查规范和检查记录	检查示范
取冷却液	取 1~2 滴被测溶液滴在检测棱镜上	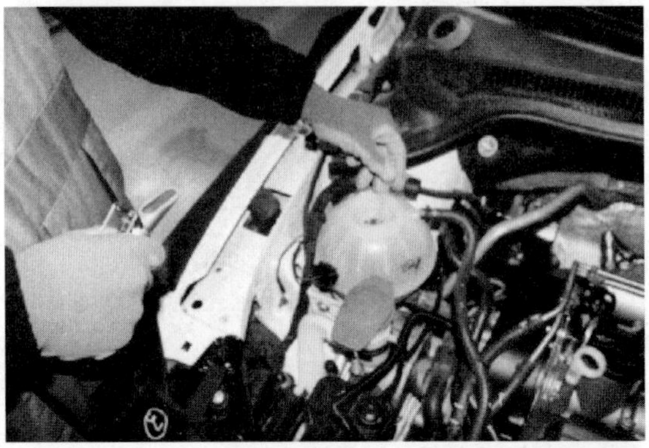 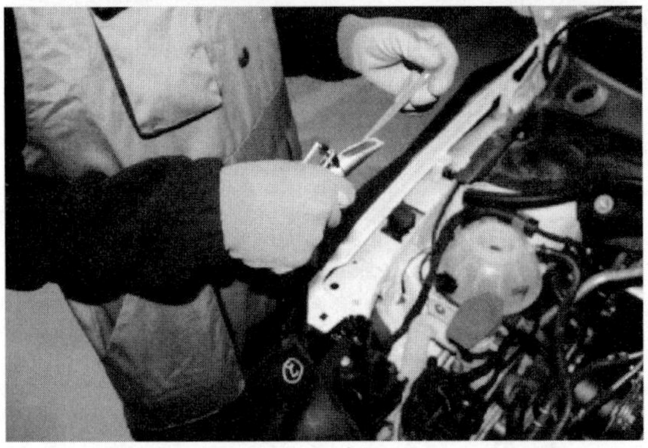
涂布冷却液	轻轻合上盖板，避免产生气泡，使冷却液均匀分布在棱镜表面	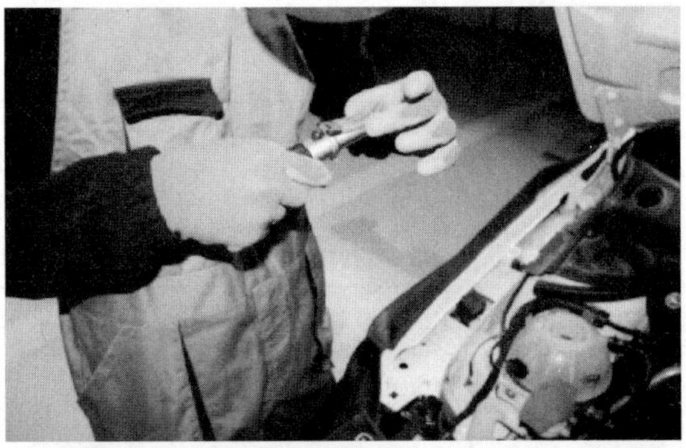 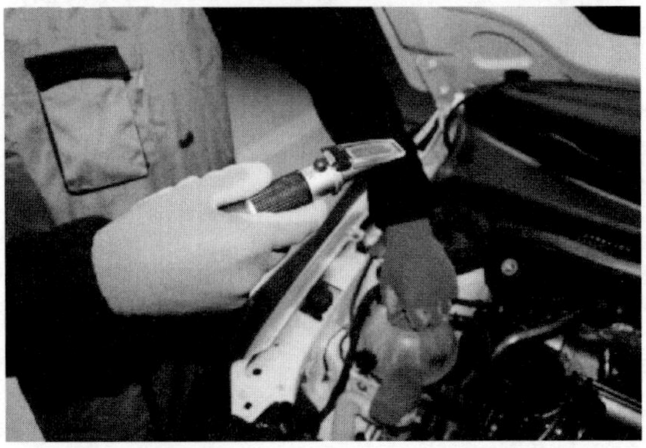

续表

检查项目	检查规范和检查记录	检查示范
测量	将多功能液体检测仪进光板对准光源或明亮处，眼睛通过目镜观察视场，转动目镜调节手轮，使视场的蓝白分界线清晰	T10007 T10007 T10007 T10007
读数	蓝白分界线的刻度值即为冷却液的冰点 检查记录：记录实测数据	
清理仪器	测量完毕，直接用潮湿的软布擦去棱镜表面和盖板上的附着物，待干燥后，妥善保存起来	

3. 机油和机油滤清器的更换

机油和机油滤清器的更换见表 2-4-5。

表 2-4-5　　机油和机油滤清器的更换

检查项目	检查规范和检查记录	检查示范
发动机机油的排放	1. 把车辆停放在平整的地面上，起动发动机热机 2. 关闭发动机，拉紧驻车制动器操纵杆，打开发动机舱盖和加机油口盖 3. 抬起车辆后，在放油螺塞下部放置机油回收机，按逆时针方向旋出放油螺塞，放出机油 4. 放完机油后，更换＿放油螺塞密封垫＿，按顺时针方向拧紧放油螺塞，规定的拧紧力矩为＿15～20＿N·m	注意：在排放发动机机油前，应检查发动机机油是否有渗漏处，如果发现有渗漏处，在进行以下工作前，应更换损坏的零件

续表

检查项目	检查规范和检查记录	检查示范
机油滤清器的更换	1. 用机油滤清器扳手拧松机油滤清器，用手将其旋下 2. 在新机油滤清器的 O 形圈上涂抹一层发动机机油 3. 用手把新机油滤清器拧在机油滤清器支座上，直到机油滤清器的 O 形圈与安装表面接触，再用机油滤清器扳手把机油滤清器拧紧＿3/4＿圈 4. 为顺利拧紧机油滤清器，应注意识别机油滤清器 O 形圈与安装表面的接触位置	 用机油滤清器扳手拧松机油滤清器  在新机油滤清器的 O 形圈上涂抹一层发动机机油 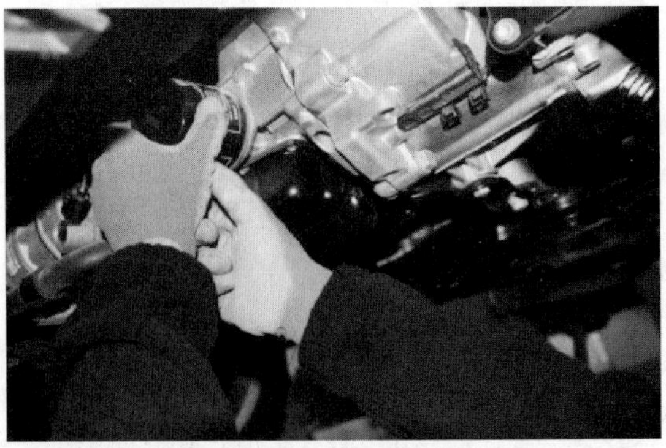 安装机油滤清器 注意：如使用不符合规格的机油滤清器，会造成发动机漏油及机油被污染。特别要注意在更换新的机油滤清器前必须更换气缸体上机油滤清器的橡胶垫圈

续表

检查项目	检查规范和检查记录	检查示范
发动机机油的加注	1. 从发动机机油加注口注入车辆制造商规定黏度的发动机专用机油，直至油位达到机油尺上的满油位标记即可 2. 盖上发动机机油加注口盖，使发动机怠速空转__5__min 后停止运转。隔__3__min 后拔出机油尺检查机油油位是否处在正常油位处 3. 检查发动机油底壳__放油螺塞__和机油滤清器密封接口处是否有__渗漏__现象，如果有，可适当拧紧油底壳螺栓后再运转发动机进行检查。拧紧后若还存在渗漏现象，则应查明原因并更换新件	 加注机油  检查是否渗漏 注意：发动机机油必须按照更换周期进行更换，更换时建议使用 SE、SF、SG、SH 或 SJ 级发动机机油
机油油位的检查	1. 起动发动机空转__3__min 2. 停止运转发动机，等待 5 min 后，拔出机油尺并将其擦干净，重新插入机油尺并再次取出，观察机油尺上的油位。正常油位应在__最高位（H）__和__最低位（L）__之间，如油位过低，添加机油至正常油位	 检查机油油位

续表

检查项目	检查规范和检查记录	检查示范
发动机机油的补充	如果油位低于 L 位置，添加同一品牌和规格的发动机机油至正常油位高度。添加过程中注意及时查看机油的加注量，注意不要过量。添加完成后按顺时针方向旋转并拧紧机油加注口盖	 加注机油

4. 空气滤清器的检查及更换

空气滤清器的检查及更换见表 2-4-6。

表 2-4-6　空气滤清器的检查及更换

检查项目	检查规范和检查记录	检查示范
确认空气滤清器的位置	打开发动机舱盖，一般空气滤清器位于 发动机舱右侧 ，即右前轮上方位置，有条手臂粗的软橡胶管连着的黑色方形塑料盒	
拆卸空气滤清器	一般车型都不使用螺钉固定空气滤清器，轻轻掰开朝向车尾方向的两个金属卡子，即可将整个空气滤清器盒盖朝前掀起。也有的车型会在空气滤清器盒盖的卡箍上安装螺钉，这时需要选取合适的旋具先将螺钉拧下，再按上述方法操作	 

续表

检查项目	检查规范和检查记录	检查示范
拆卸空气滤清器	取下空气滤清器盒盖并取出空气滤清器	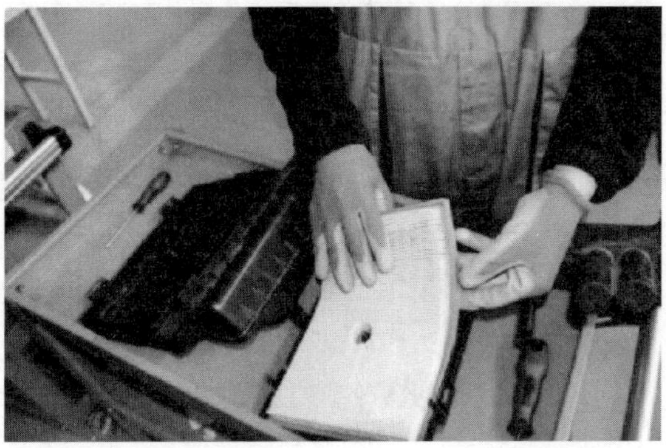
检查空气滤清器	检查空气滤清器滤芯中是否有积聚的灰尘、微粒或者有破裂处；如有，应进行更换	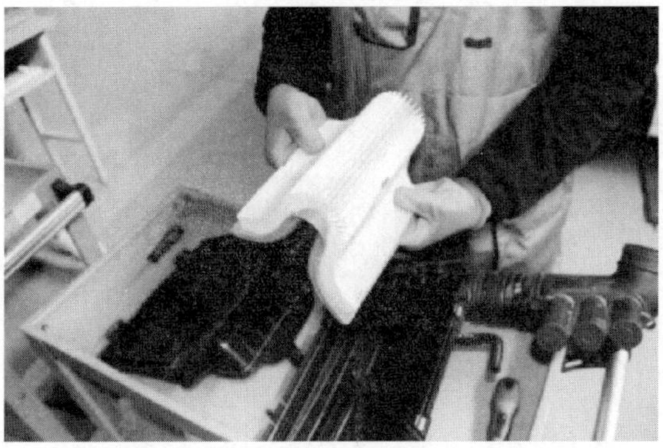
清理及安装空气滤清器	从空气滤清器滤芯的发动机侧吹入压缩空气，同时清除空气滤清器盒盖内的污物。清理干净后按拆卸的相反顺序进行安装	

5. 动力转向系统的检查

动力转向系统的检查见表 2–4–7。

表 2–4–7 动力转向系统的检查

检查项目	检查规范和检查记录	检查示范
检查转向系统液压油液位	1. 将车辆停放在平坦的地面上，使前轮处于＿直行＿位置 2. 起动发动机，并使其达到正常的工作温度 3. 使发动机怠速运转约 2 min，左右转动几次转向盘，使油温达到 40 ~ 80 ℃，关闭发动机 4. 观察转向系统液压油油罐的液面，此时液面应处于＿MAX＿与＿MIN＿刻线间，液面低于 MIN 刻线时，应添加液压油使液面达到 MAX 刻线处	
检查转向系统各管路	检查动力转向系统各管路是否出现＿裂纹、老化、渗漏＿等情况；如有，应进行更换	

6. 制动液和制动管路的检查

制动液和制动管路的检查见表 2–4–8。

表 2–4–8 制动液和制动管路的检查

检查项目	检查规范和检查记录	检查示范
制动液液位和制动管路的检查	检查制动管路有无损坏、渗漏等情况。检查制动液液位，制动液液位的正常位置应在＿MAX＿和＿MIN＿刻线间，如制动液液位过低，应添加＿规定＿规格的制动液至正常位置	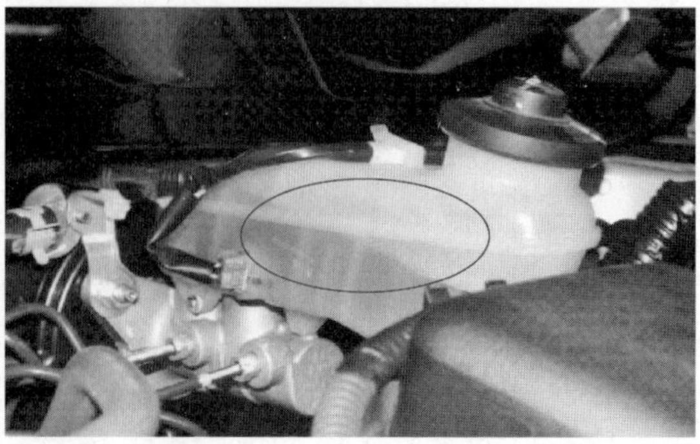

续表

检查项目	检查规范和检查记录	检查示范
制动液含水量的检查	用制动液含水量测试笔进行检查。绿色LED灯亮说明制动液含水量____低____，制动液合格；黄色LED灯亮说明制动液含水量____一般____，可以继续使用，不过六个月以后需要再检测一次；红色LED灯亮说明制动液含水量____较高____，制动液不能继续使用，需要及时更换	 制动液含水量<2%

7. 风窗洗涤系统的检查

风窗洗涤系统的检查见表 2–4–9。

表 2–4–9　　风窗洗涤系统的检查

检查项目	检查规范和检查记录	检查示范
检查玻璃清洗液液位	检查玻璃清洗液液位，必要时进行添加。注意：冬季必须添加____防冻型____玻璃清洗液	
检查风窗洗涤系统喷嘴喷射角度和位置	检查风窗洗涤系统喷嘴喷射____角度____和位置，确保喷出的玻璃清洗液位于刮片刮拭的中心区域；否则应进行调整	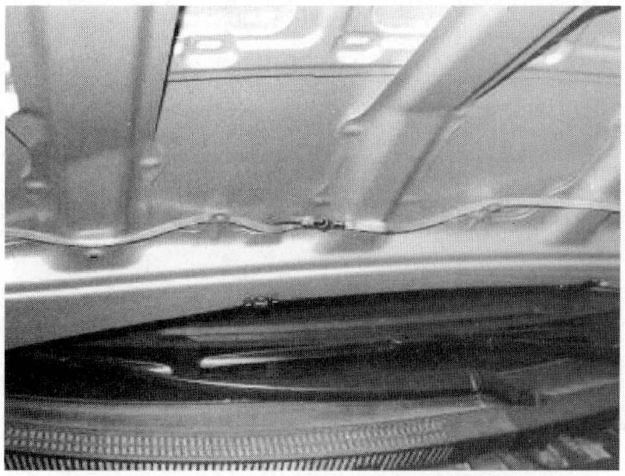

8. 变速器油位和油质的检查

变速器油位和油质的检查见表 2–4–10。

表 2–4–10　变速器油位和油质的检查

检查项目	检查规范和检查记录	检查示范
检查变速器油位	1. 选择平整位置停稳车辆，并确认在暖机后油温处于 HOT 状态（70 ~ 80 ℃） 2. 从“P”挡顺序换至“D”挡再返回“P”挡 3. 怠速时检查油位，若处于液位计中 HOT 区域，说明变速器油位 正常	 
检查变速器油质	检查变速器油的油质、颜色、气味和含杂质情况，确认变速器油是否因过热而变质。变速器油为红色，油质清澈、纯净，如颜色变黑，有烧焦味且含有杂质，应予以更换	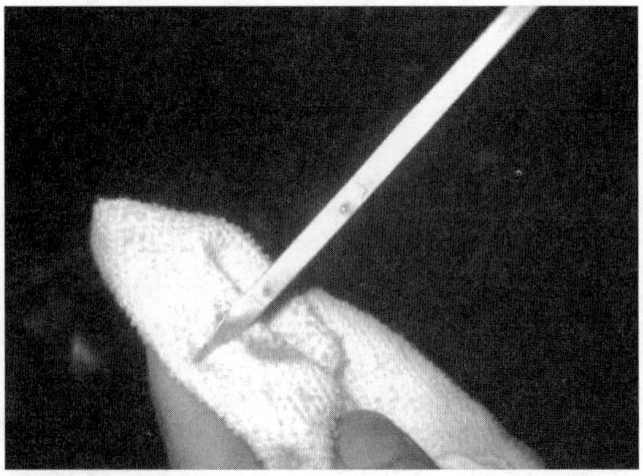

9. 空调系统的检查

空调系统的检查见表 2-4-11。

表 2-4-11　空调系统的检查

检查项目	检查规范和检查记录	检查示范
检查空调管路	检查空调管路有无＿渗漏、裂纹、损坏＿等情况；如有，应进行更换	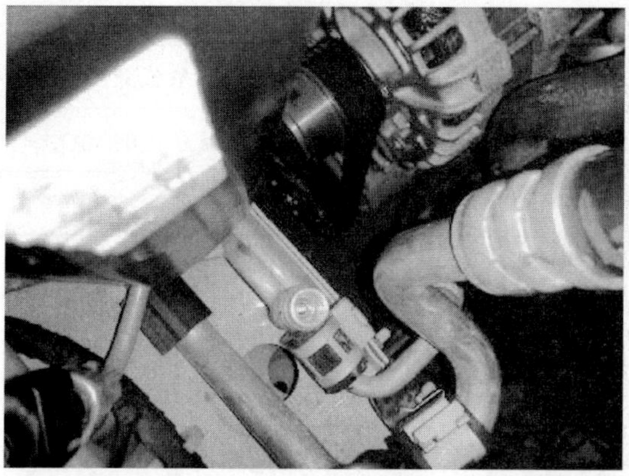 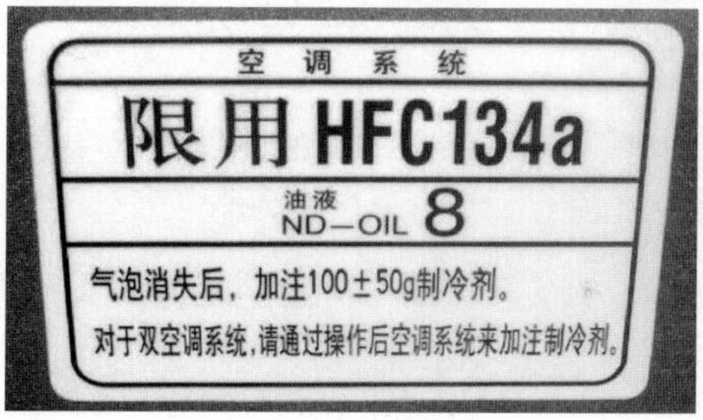 空调系统 限用 HFC134a 油液 ND－OIL 8 气泡消失后，加注100±50g制冷剂。 对于双空调系统，请通过操作后空调系统来加注制冷剂。
检查冷凝器	检查冷凝器接头或导管有无损坏；如有，应进行更换。检查冷凝器壳体有无＿变形＿、＿破损＿等情况；如有，应进行更换	

三、学习过程评价

学习过程评价见表 2-4-12。

表 2-4-12　　学习过程评价表

<table>
<tr><td>班级</td><td></td><td>姓名</td><td></td><td>学号</td><td></td><td>日期</td><td>年　月　日</td></tr>
<tr><td>序号</td><td colspan="4">评价要点</td><td>配分</td><td>得分</td><td>总评</td></tr>
<tr><td>1</td><td colspan="4">能正确识读及填写工作页，明确学习活动要求</td><td>5</td><td></td><td rowspan="12">A□（86～100）
B□（76～85）
C□（60～75）
D□（60 以下）</td></tr>
<tr><td>2</td><td colspan="4">能查阅资料，确定首次维护发动机舱检查项目</td><td>10</td><td></td></tr>
<tr><td>3</td><td colspan="4">能正确选择机油和机油滤清器，并完成更换</td><td>10</td><td></td></tr>
<tr><td>4</td><td colspan="4">能正确完成发动机冷却系统部件和冷却液的检查</td><td>10</td><td></td></tr>
<tr><td>5</td><td colspan="4">能正确完成发动机进气系统的检查</td><td>10</td><td></td></tr>
<tr><td>6</td><td colspan="4">能正确完成发动机点火系统的检查</td><td>10</td><td></td></tr>
<tr><td>7</td><td colspan="4">能正确完成蓄电池和熔丝盒的检查</td><td>10</td><td></td></tr>
<tr><td>8</td><td colspan="4">能正确完成发动机舱其他项目的检查</td><td>10</td><td></td></tr>
<tr><td>9</td><td colspan="4">能遵守劳动纪律，以积极的态度接受工作任务</td><td>10</td><td></td></tr>
<tr><td>10</td><td colspan="4">能积极参与小组讨论，发挥团队合作精神</td><td>10</td><td></td></tr>
<tr><td>11</td><td colspan="4">能及时完成教师布置的任务</td><td>5</td><td></td></tr>
<tr><td colspan="5">总　分</td><td>100</td><td></td></tr>
<tr><td>小结
建议</td><td colspan="7"></td></tr>
</table>

学习活动 5　首次维护车舱内检查与维护

学习目标

1. 能识读与填写首次维护车舱内检查单、派工单。
2. 能正确使用作业所需的工具和设备。
3. 能掌握首次维护车舱内检查的项目和操作流程。

建议学时　12 学时

学习过程

一、座椅和安全带的检查

1. 座椅的分类

（1）按调节方向分类

按照调节方向不同，汽车座椅可分为＿四方向＿、＿六方向＿、＿八方向＿和＿十方向＿等。

（2）按驱动方式分类

按照驱动方式不同，汽车座椅可分为＿手动座椅＿、＿电动座椅＿等，其中电动座椅按是否具备记忆功能可分为＿普通电动座椅＿和＿记忆电动座椅＿。

2. 安全带的分类

常见的座椅安全带按固定方式不同可以分为＿两点式＿、＿三点式＿、＿四点式＿、＿自由式＿。

3. 汽车座椅调整开关如图 2-5-1 所示，写出各序号所对应的功能名称。

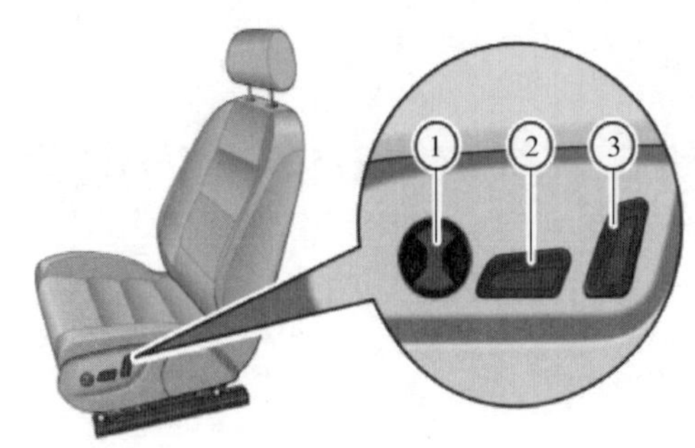

图 2–5–1　汽车座椅调整开关

1—腰托位置调节开关　2—座椅前后及高低位置调整开关

3—靠背倾斜度调整开关

4. 检查方法

座椅和安全带的检查见表 2–5–1。

表 2–5–1　座椅和安全带的检查

检查项目	检查规范和检查记录	检查示范
1. 座椅高度的调节	按右图箭头指示操纵该开关，座椅的 高度 应能得到调节，操作时无 噪声 ，并能固定在 相应高度 处	
2. 座椅前后的调节	向前或向后推动该开关，座椅应能 向前或向后移动 ，移动时无 噪声 ，停止操作时应能 固定 在该位置	
3. 座椅靠背倾斜度的调节	按右图箭头指示操纵该开关，座椅靠背的 倾斜度 应能得到调节，操作时无 噪声 ，并能固定在 相应位置	

续表

检查项目	检查规范和检查记录	检查示范
4. 腰部支承的调节	按右图箭头指示按压该开关，腰部支承应能得到调节，操作时无＿噪声＿，并能固定在＿相应位置＿	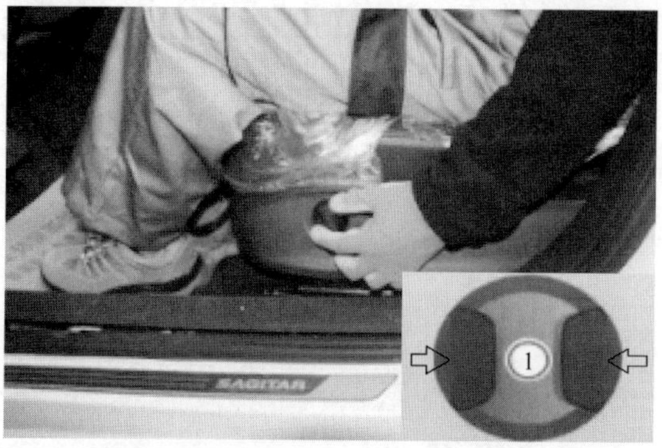
5. 安全带锁舌锁止功能及卷收器的检查	（1）检查安全带锁扣或锁舌应＿无弯曲或损坏＿，将安全带锁舌插入锁扣中，应无＿卡滞＿现象 （2）检查安全带锁扣和锁舌连接应＿可靠＿，按压安全带锁扣上的红色按钮，锁舌应能＿自动弹出＿ （3）检查安全带卷收器工作是否正常，安全带应能＿平顺地拉伸及卷收＿	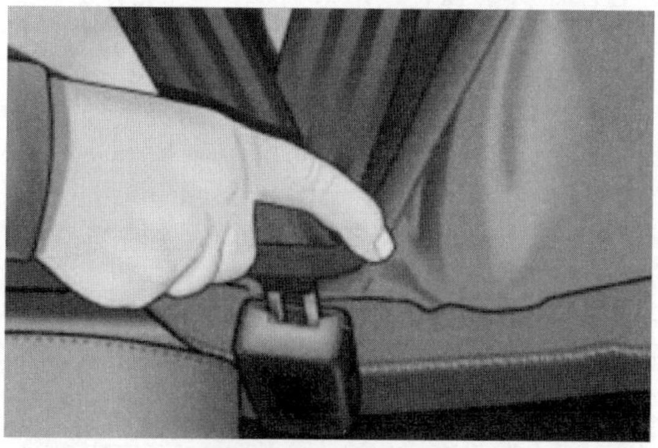 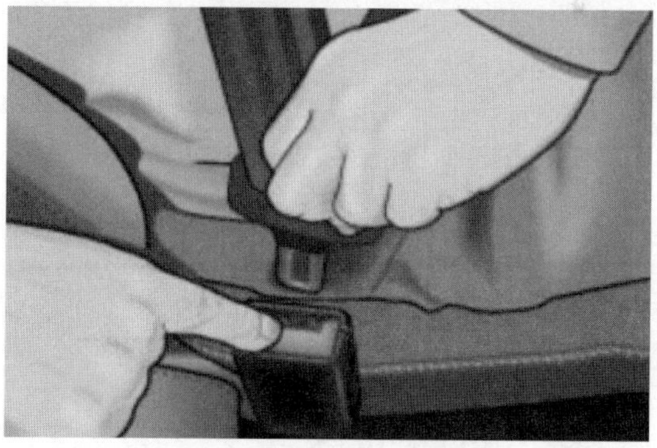
6. 安全带高度调整装置的检查	检查安全带高度调整装置，确认此装置＿能被锁定在指定的位置上＿，确保安全带被突然拉动时＿能够及时锁止＿	

二、转向盘的检查

1. 转向盘自由行程的概念

当汽车处于<u>　直线行驶　</u>时，转向盘为<u>　消除间隙　</u>而克服弹性所转过的角度称为转向盘自由行程。

2. 检查方法

转向盘的检查见表 2–5–2。

表 2–5–2　　转向盘的检查

检查项目	检查规范和检查记录	检查示范
1. 转向盘的检查	（1）调整功能的检查：用力向下压操纵杆①，转向盘应能<u>　移至适当的位置　</u>，再用力向上拉操纵杆，使其<u>　锁定　</u>，以免转向盘在汽车行驶过程中发生位移，影响行车安全 （2）用两只手握住转向盘，轴向移动转向盘应<u>　无松动　</u> （3）双手握住转向盘左右晃动，转向盘应<u>　没有摆动　</u>	1
2. 转向盘自由行程的检查	（1）起动发动机并使车轮朝向<u>　直线行驶方向　</u> （2）<u>　顺时针和逆时针　</u>慢慢转动转向盘，并检查转向盘的自由行程<u>　是否在规定范围内　</u>	

三、仪表的检查

1. 查阅资料，写出表 2–5–3 所列汽车仪表指示灯各符号的名称，了解其作用。

表 2–5–3　　仪表指示灯符号、名称及其作用

指示灯符号	名称	作用
	制动系统警告灯	当驻车制动器操纵杆被拉起或缺少制动液时，该指示灯自动点亮
	冷却液警告灯	当冷却液温度超过规定值或缺少冷却液时，该灯点亮

续表

指示灯符号	名称	作用
	充电系统指示灯	显示充电系统状态。若发动机起动后充电指示灯点亮，说明充电系统出现了故障
	安全带指示灯	显示安全带是否处于锁止状态。当该灯点亮时，说明安全带没有及时扣紧，有些车型会有相应的提示音
EPC	电子节气门指示灯	显示电子节气门控制系统的工作状态。如车辆起动后EPC指示灯点亮，说明电子节气门控制系统存在故障
ABS	ABS指示灯	显示车辆的防抱死制动系统工作状态。如果车辆起动后ABS指示灯仍点亮，表明该车防抱死制动系统出现故障
	转向指示灯	显示车辆当前的转向灯工作状态
	远光灯指示灯	当点亮远光灯时，该指示灯会同时点亮
CHECK	发动机故障指示灯	显示车辆发动机的工作状态。如该指示灯常亮，说明车辆的电控系统出现了故障
	制动片指示灯	显示车辆制动片磨损的状况。当制动片出现故障或过度磨损时，该灯点亮
	玻璃清洗液指示灯	显示车辆所装玻璃清洗液的多少。平时为熄灭状态，该指示灯点亮时，说明车辆所装玻璃清洗液已不足

续表

指示灯符号	名称	作用
VSC	VSC 指示灯	显示车身稳定控制系统（vehicle stability control，VSC）的工作状态。当该指示灯点亮时，说明 VSC 系统已被关闭
	TCS 指示灯	显示车辆牵引力控制系统（traction control system，TCS）的工作状态。当该指示灯点亮时，说明牵引力控制系统停止工作
	示廓灯指示灯	显示车辆示廓灯的工作状态。当示廓灯打开时，该指示灯随即点亮
	雾灯指示灯	显示前、后雾灯的工作状态。当前、后雾灯点亮时，该指示灯相应的标志就会点亮
	燃油液位低警告灯	显示油箱内储油量是否充足。当点火开关打开时，油量指示灯会短时间点亮，随后熄灭。如起动后该指示灯点亮，则说明车内油量已不足
O/D OFF	O/D 挡指示灯	显示自动挡的超速挡的工作状态。当该指示灯点亮时，说明超速挡已锁止
	发动机机油压力警告灯	显示发动机内机油的压力状况。当点火开关打开时，该指示灯点亮，起动后熄灭。如起动后该指示灯常亮，说明该车发动机机油压力低于规定值
	安全气囊警告灯	显示安全气囊的工作状态。当点火开关打开时，该指示灯点亮数秒后熄灭；如果常亮，则安全气囊出现故障
	车门开启警告灯	显示车辆各车门状况。当任意车门未关上或者未关好时，该指示灯点亮，提示驾驶员车门未关好

续表

指示灯符号	名称	作用
	胎压异常警告灯	实时监测汽车胎压。安装胎压监测报警器可以预防因轮胎胎压异常而引发事故，该指示灯亮，提示驾驶员检查胎压
	电控助力转向指示灯	显示动力转向系统的工作状态。当点火开关打开时，该指示灯点亮数秒后熄灭；如果常亮，则动力转向系统出现故障
	未踩下制动踏板指示灯	该灯亮起，变速杆不能从P挡挂入D挡，踩下制动踏板，该灯熄灭，换挡正常

2. 检查方法

将点火开关转到 ON 位置或按一下 一键启动 按钮，这时仪表盘上的指示灯应 点亮 。起动发动机后，指示灯应 熄灭 ；否则应查找原因。

四、喇叭的检查

1. 喇叭的作用

喇叭是汽车的 信号 装置之一。在汽车行驶过程中，驾驶员根据需要和规定发出必需的音响信号，警告 行人 及引起 其他车辆 注意，以保证交通安全，同时还用于 催行与传递信号 。

2. 喇叭的类型

汽车喇叭按声音动力不同分为 气喇叭 和 电喇叭 两种；按外形不同分为 筒形 、螺旋形 和 盆形 三种；按发声频率不同分为 高音喇叭 和 低音喇叭 两种。

3. 检查方法

转动转向盘 接近一周 ，同时按动喇叭按钮，检查 在转向盘各种位置上 喇叭是否都能正常工作。

五、灯光的检查

1. 查阅资料，写出表 2–5–4 中各车灯的安装位置和作用。

表 2–5–4　车灯的安装位置和作用

名称	安装位置和作用
前照灯	前照灯又称前大灯，装于 汽车头部两侧 ，用于 夜间行车道路的照明 。有 两灯制 和 四灯制 之分。每辆车安装两个或四个，装于外侧的一对应为 近光和远光双光束灯 ，装于内侧的一对应为 远光单光束灯 。灯光光色为 白色
日间行车灯	日间行车灯又称白昼行车灯，用于白天使用车辆时 向前方行人或车辆提示该车的存在 。装于汽车 前端两侧 。日间行车灯应在 车辆发动机起动后 自动开启。灯光光色为 白色

续表

名称	安装位置和作用
雾灯	雾灯安装于汽车的＿前部和后部＿。用于在雨雾天气行车时＿道路的照明及为迎面来车和后面来车提供信号＿。前雾灯灯光光色为＿黄色＿，后雾灯灯光光色为＿红色＿
倒车灯	倒车灯装于汽车＿尾部＿，用于倒车时＿车辆后方道路的照明及警告其他车辆和行人＿，表示该车正在＿倒车＿。灯光光色为＿白色＿
牌照灯	牌照灯用于＿照亮车辆牌照＿，要求夜间在车后＿20＿m处能看清牌照号码。牌照灯装在汽车＿尾部牌照的上方或左右两侧＿。灯光光色为＿白色＿
转向灯	转向灯装于汽车的＿四个角＿，用于＿车辆转弯时发出明暗交替的闪光信号＿，使前后车辆、行人、交警知道＿车辆的行驶方向＿。灯光光色为＿琥珀色＿
危险警告灯	危险警告灯用于＿车辆遇到紧急或危险情况时，同时点亮前后、左右转向灯，以发出警告信号＿。灯光光色为＿琥珀色＿
制动灯	制动灯用于＿指示车辆制动或减速的信号＿。制动灯安装在＿车尾两侧＿，两制动灯应与汽车的纵轴线＿对称并在同一高度上＿。灯光光色为＿红色＿
示廓灯	示廓灯安装在汽车＿前方和后方左、右两侧的边缘＿。用于＿车辆夜间行车时标示其宽度和高度＿，因此也相应地被称为＿示宽灯和示高灯＿。灯光光色为＿白色＿
顶灯	顶灯安装在＿驾驶室或车厢内顶部＿，是驾驶室或车厢内的照明灯具。灯光光色一般为＿白色＿
仪表灯	仪表灯安装于＿仪表盘＿内，它用于＿照亮车辆仪表盘＿。灯光光色一般为＿白色＿

2. 检查方法

灯光的检查见表 2-5-5。

表 2-5-5 灯光的检查

检查项目	检查规范和检查记录	检查示范
1. 前部示廓灯	检查前部示廓灯功能是否齐全、有效 甲：双手平伸，手指指向示廓灯方向 乙：将灯光组合旋钮开关旋到示廓灯位置	

续表

检查项目	检查规范和检查记录	检查示范
2. 近光灯	检查近光灯功能是否齐全、有效 甲：双臂向车灯方向平伸，掌心向下 乙：将灯光组合旋钮开关旋到近光位置	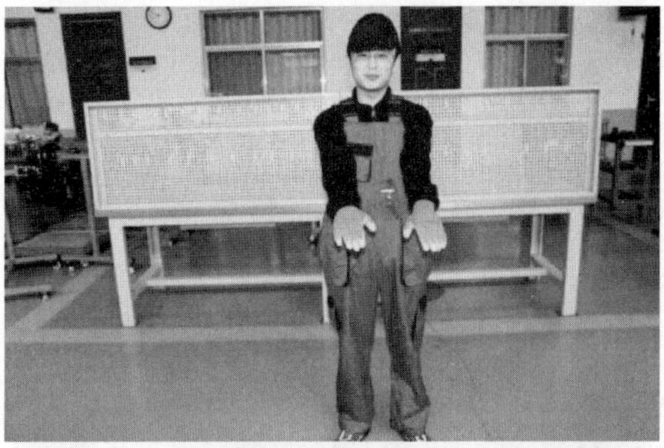 
3. 远光灯	检查远光灯功能是否齐全、有效 甲：双臂向上弯曲，手背朝向车灯侧 乙：灯光组合旋钮开关在近光位置，然后将灯光组合拨杆开关向前拨到远光位置	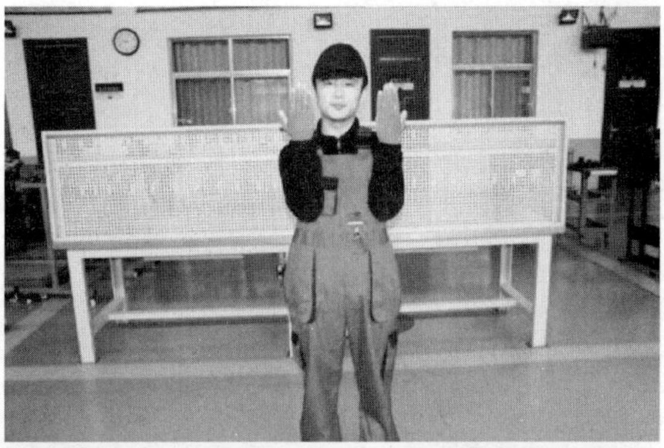 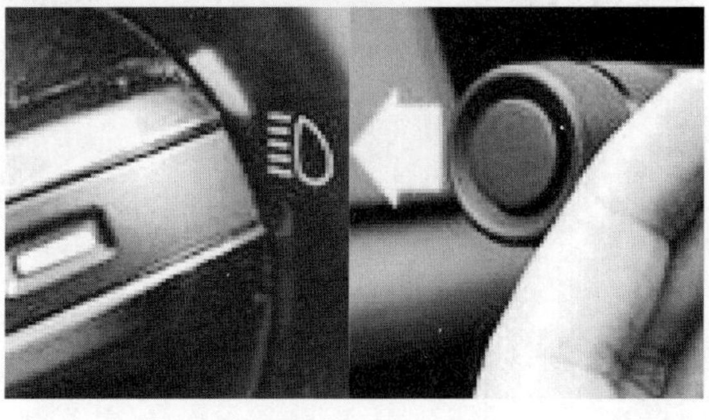

续表

检查项目	检查规范和检查记录	检查示范
4. 前雾灯	检查前雾灯状态和功能是否正常 甲：双臂向前平伸，双手握拳，拇指向下 乙：将灯光组合旋钮开关旋到示廓灯位置，然后将开关向外拔到一挡位置	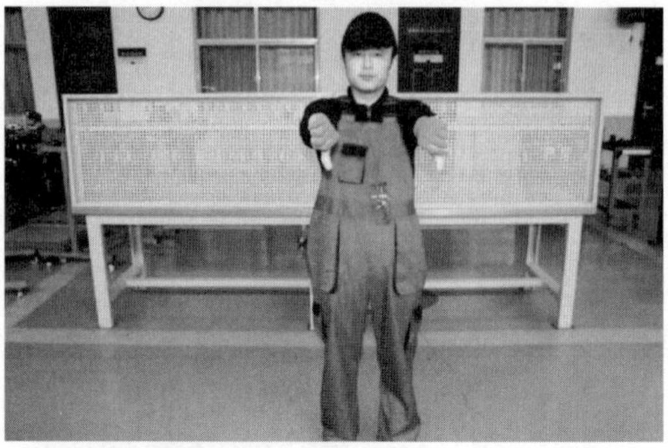 
5. 右前转向灯	检查右前转向灯功能和状态是否正常 甲：左臂向左侧平伸，左手拇指和其余四指不断张开、合拢，示意闪动 乙：将灯光组合拨杆开关绕顺时针方向拨动到右转向灯接通位置	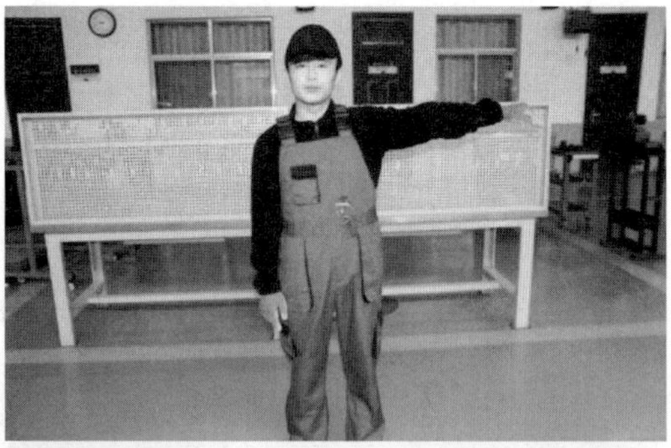 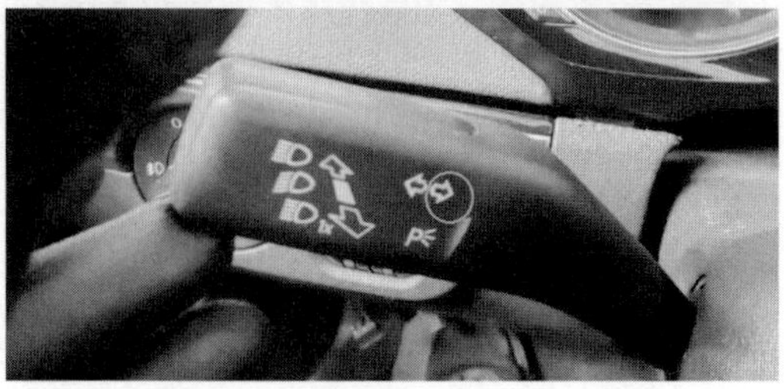

续表

检查项目	检查规范和检查记录	检查示范
6. 左前转向灯	检查左前转向灯功能和状态是否正常 甲：右臂向右侧平伸，右手示意闪动 乙：将灯光组合拨杆开关绕逆时针方向拨动到左转向灯接通位置	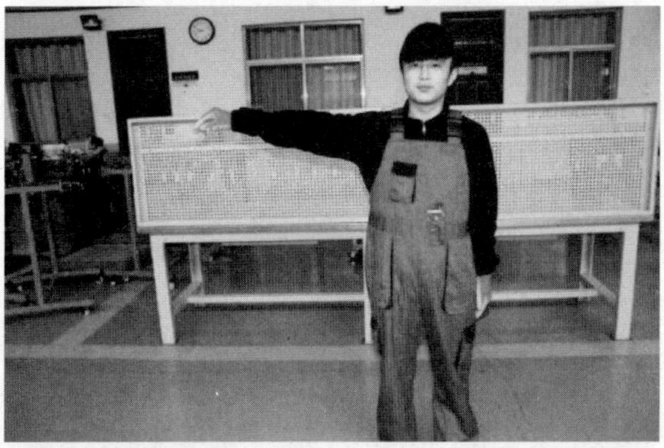 
7. 后示廓灯	检查后示廓灯功能是否齐全、有效 甲：双手平伸，手指指向示廓灯方向 乙：将灯光组合旋钮开关旋到示廓灯位置	
8. 右后转向灯	检查右后转向灯功能是否齐全、有效 甲：右臂向右侧平伸，右手示意闪动 乙：将灯光组合拨杆开关绕顺时针方向拨动到右转向灯接通位置	

续表

检查项目	检查规范和检查记录	检查示范
9. 左后转向灯	检查左后转向灯功能是否齐全、有效 甲：左臂向左侧平伸，左手示意闪动 乙：将灯光组合拨杆开关绕逆时针方向拨动到左转向灯接通位置	
10. 后雾灯	检查后雾灯功能是否齐全、有效 甲：双臂向前平伸，双手握拳，拇指向下 乙：将灯光组合旋钮开关旋到示廓灯位置，然后将开关向外拔到二挡位置	 

续表

检查项目	检查规范和检查记录	检查示范
11. 制动灯	检查制动灯功能和状态是否正常 甲：双臂向下与地面成 45° 左右伸展，双手平放指向车灯处 乙：脚踩制动踏板	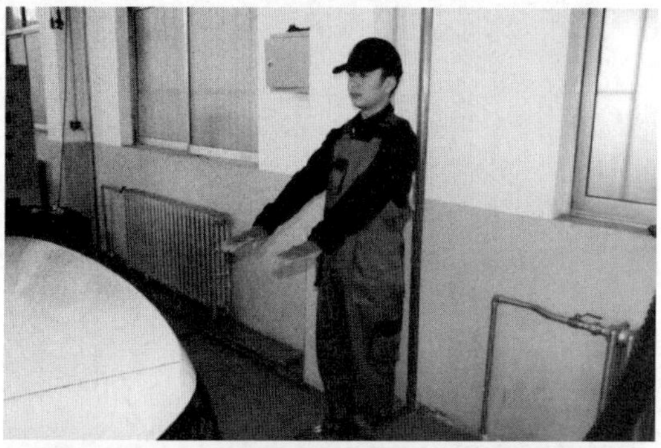 
12. 倒车灯	检查倒车灯功能和状态是否正常 甲：双臂向内侧弯曲，双手手心朝向面部 乙：将变速杆挂入倒挡位置	 

续表

检查项目	检查规范和检查记录	检查示范
13. 顶灯	检查顶灯功能是否正常 按下顶灯按钮，两个顶灯应同时点亮	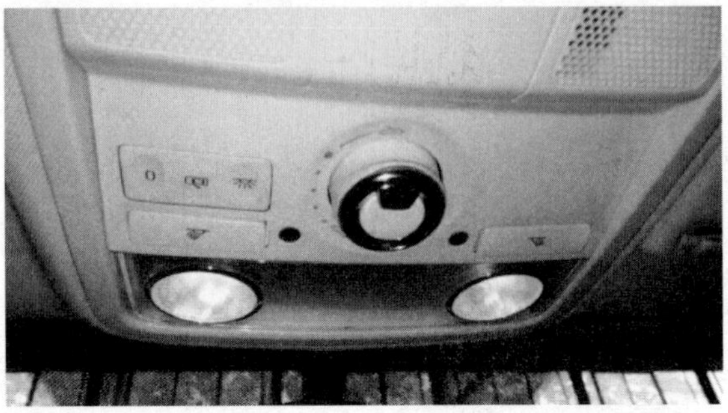
14. 左侧顶灯	检查左侧顶灯功能是否正常 按下左侧顶灯按钮，左侧顶灯 点亮	
15. 右侧顶灯	检查右侧顶灯功能是否正常 按下右侧顶灯按钮，右侧顶灯 点亮	

六、空调的检查

1. 汽车空调的作用和组成

汽车空气调节装置简称汽车空调。其作用是 调节车内空气的温度和湿度，提供合适的气流速度和气流方向，过滤及净化车内空气，保证车内空气的质量 。

汽车空调主要由 制冷系统 、 采暖系统 、 通风装置 、 加湿器 、 空气净化装置 等组成。

2. 空调功能符号的含义

查阅资料，写出表 2–5–6 中各空调功能符号的含义。

表 2–5–6　　空调功能符号及其含义

符号	含　义
	前风窗玻璃除霜
	后风窗玻璃加热
A/C	按压该按钮时接通或关闭制冷设备
	座椅加热
	车内空气循环模式
	气流通过仪表盘上的出风口吹到乘员身上
	气流吹到脚部空间
SYNC	组合调节驾驶员侧和前排乘员侧的温度。如该按钮指示灯点亮，则设定的驾驶员侧温度也适用于前排乘员侧
AUTO	自动调节温度、鼓风机转速及进行气流分配

3. 检查方法

汽车空调功能的检查见表 2–5–7。

表 2–5–7　　汽车空调功能的检查

检查项目	检查规范和检查记录	检查示范
1. 空调自动控制开关的检查	按下 AUTO 按钮，空调应在自动调节模式下工作	AUTO

续表

检查项目	检查规范和检查记录	检查示范
2. 空调手动开关的检查	按下 A/C 按钮，空调进入手动调节模式	
3. 鼓风机挡位的检查	顺时针旋转鼓风机挡位旋钮，鼓风机的转速应相应提高	
4. 气流方向的检查	按下相应按钮，按钮灯亮，气流方向应能相应改变	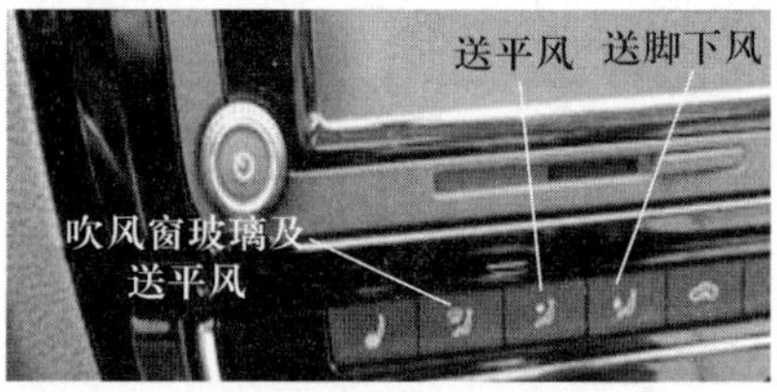
5. 送风方式的检查	按下  [图标] 按钮，此按钮点亮，送风模式为车内空气循环	
6. 温度调节的检查	旋转温度调节按钮，温度显示器的数值应相应变化	
7. MAXA/C 的检查	按下 MAXA/C 按钮，鼓风机应工作在最高挡位	

七、车窗和天窗的检查

1. 电动车窗系统的组成

电动车窗由＿车窗玻璃＿、＿车窗玻璃升降器＿、＿电动机＿、＿控制开关＿等组成。

2. 车窗控制开关概述

车窗控制开关由＿主控开关＿和＿分控开关＿等组成。主控开关用于＿驾驶员对电动车窗系统进行总的操纵＿，一般安装在＿左前车门中间＿；分控开关安装在＿每个车门的中间＿，用于＿乘员对车窗进行操纵＿。

3. 查阅资料，写出图 2–5–2 中电动车窗主控开关各按钮的数字代表的含义。

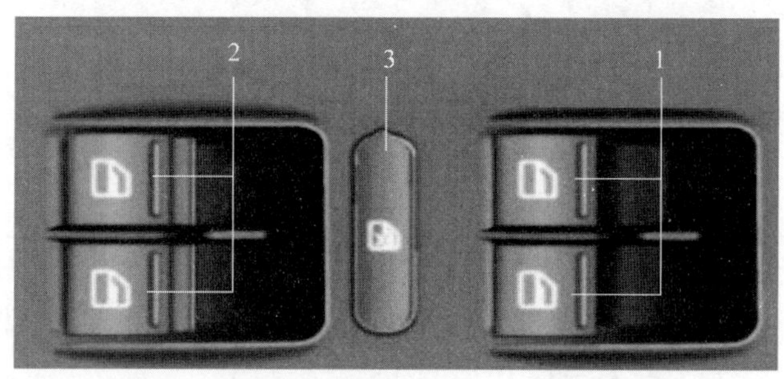

图 2–5–2　电动车窗主控开关按钮

1—＿前车门电动车窗按钮＿　2—＿后车门电动车窗按钮＿　3—＿安全按钮＿

4. 检查方法

车窗和天窗的检查见表 2–5–8。

表 2–5–8　车窗和天窗的检查

检查项目	检查规范和检查记录
1. 主控开关的检查	依次检查主控开关中各车窗控制开关的工作情况：＿按下或抬起＿主控开关中各电动车窗分控开关，各车窗玻璃应能＿平顺降落或升起＿，期间应＿无异响和卡滞＿现象
2. 安全按钮的检查	按下安全按钮，其余三个车窗玻璃分控开关应＿失效＿
3. 分控开关的检查	依次检查右前门、左后门、右后门电动车窗玻璃分控开关的工作情况：＿按下或抬起＿各车窗分控开关，相应的车窗玻璃应能＿平顺降落或升起＿，期间应＿无异响和卡滞＿现象
4. 开关单触功能检查	将相应电动车窗按钮快速提升或下按至二挡位置后松开按钮，即可＿完全关闭或打开车窗＿，再按一下或上提相应电动车窗按钮，即可＿终止单触功能＿
5. 防夹功能检查	当车窗上升遇到障碍物（如手、头等）时，应能＿自动降到底部＿
6. 天窗开闭功能检查	（1）打开点火开关后，启动天窗开关应能灵活＿开闭＿天窗 （2）检查天窗防夹功能是否有效：在天窗关闭过程中，如遇到障碍物（如手、头等），天窗应能＿再次自动打开＿

八、中控门锁和儿童锁的检查

1. 中控门锁的检查

如图 2–5–3 所示，在车门关闭的状态下，按下左前门上的中控门锁按钮可以将＿＿所有车门＿＿进行闭锁和解锁。各分控开关对相应门锁能顺利实现＿＿闭锁和解锁＿＿。

图 2–5–3　中控门锁按钮

2. 儿童锁的检查

如图 2–5–4 所示，将儿童锁的拨杆从 A 拨向 B，关上车门，此时即使车门上的锁钮处于开启位置，车门内开扳手＿＿不起作用＿＿，车门只能从＿＿外面＿＿打开；将拨杆从＿＿B 拨向 A＿＿，安全装置解除，车门既可以从＿＿内部＿＿打开，又可以从＿＿外部＿＿打开。

图 2–5–4　儿童锁

九、多媒体影音系统的检查

影音系统的检查见表 2–5–9。

表 2–5–9　影音系统的检查

检查项目	检查规范和检查记录
开关检查	打开收音机开关并检查调频功能是否正常
CD 播放器检查	打开 CD 播放器，检查屏幕显示是否正常
音量开关检查	调整音量开关，看各音响设备的音量能否随时增减

十、行车制动系统与驻车制动系统的检查

1. 查阅资料，写出图 2-5-5 所示驻车制动的类型。

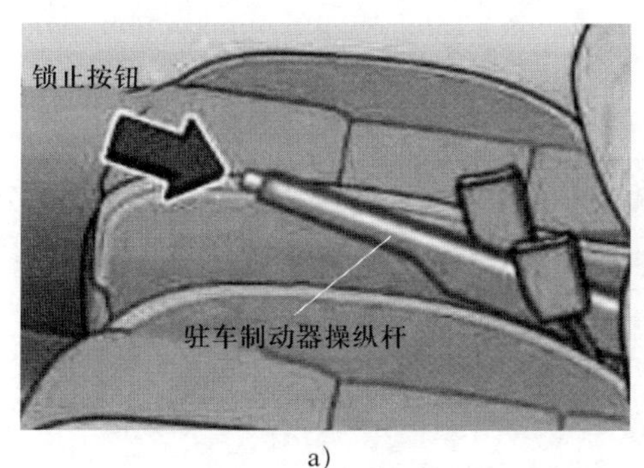

a）

b）

c）

图 2-5-5　驻车制动的类型

a）传统驻车　b）电子驻车　c）自动驻车

2. 检查方法

行车制动的检查见表 2-5-10，驻车制动的检查见表 2-5-11。

表 2-5-10　行车制动的检查

检查项目	检查规范和检查记录	检查示范
1. 制动踏板应用状况的检查	连续踩制动踏板数次（三次以上），感觉制动踏板的响应情况。当连续踩制动踏板时，如脚部感觉制动踏板越来越高，则表示响应性良好 完全踩下制动踏板，等待片刻，观察制动踏板是否保持原来的高度。当完全踩下制动踏板时，如果踏板的高度发生变化，说明制动系统存在故障。在踩制动踏板的同时，观察制动踏板是否存在异响或松旷现象	
2. 制动踏板高度的测量	将钢直尺垂直放于车内地板的上面。从钢直尺上读取制动踏板的高度值，如果超出规定范围，应调整制动踏板高度	

续表

检查项目	检查规范和检查记录	检查示范
3. 制动踏板自由行程的测量	将钢直尺垂直放于车内地板的上面。先测量制动踏板完全放松时的高度，然后用手指轻轻按压制动踏板，按压至稍有阻力为止，再次测量制动踏板的高度，两次数值相减即为制动踏板自由行程的数值	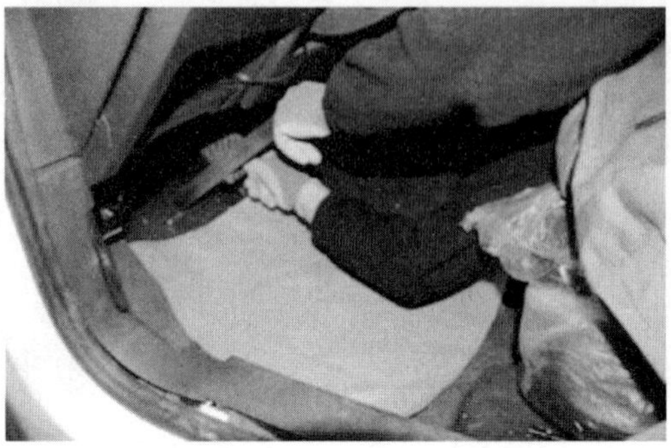

表 2-5-11　　驻车制动的检查

检查项目	检查规范和检查记录	检查示范
1. 拉紧驻车制动器操纵杆	向上拉紧驻车制动器操纵杆，同时能听到棘轮的声响。如果打开点火开关，仪表盘上的驻车制动指示灯 (!) 会点亮	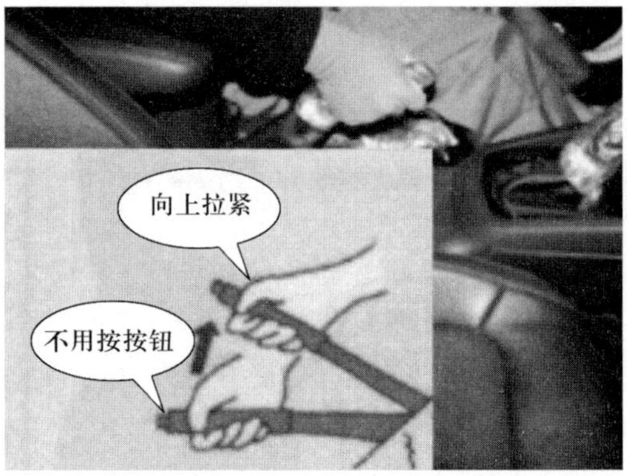
2. 松开驻车制动器操纵杆	略微向上拉驻车制动器操纵杆，然后按住锁止按钮，同时向下送驻车制动器操纵杆，仪表盘上的驻车制动指示灯 (!) 会熄灭	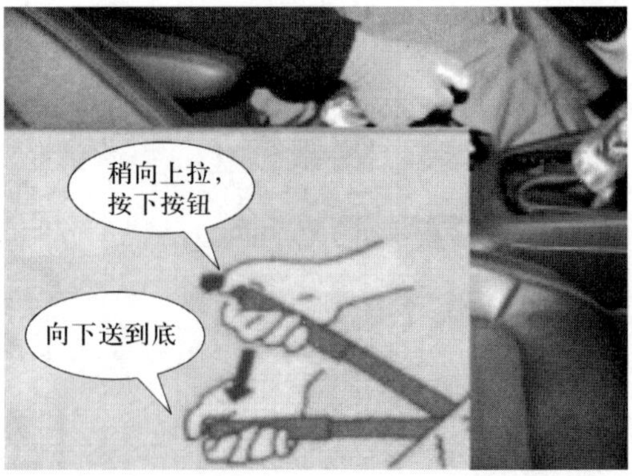

十一、学习过程评价

学习过程评价见表 2–5–12。

表 2–5–12　　学习过程评价表

<table>
<tr><td>班级</td><td></td><td>姓名</td><td></td><td>学号</td><td></td><td>日期</td><td>年　月　日</td></tr>
<tr><td>序号</td><td colspan="5">评价要点</td><td>配分</td><td>得分</td><td>总评</td></tr>
<tr><td>1</td><td colspan="5">能正确识读及填写工作页，明确学习活动要求</td><td>10</td><td></td><td rowspan="9">A □（86 ~ 100）
B □（76 ~ 85）
C □（60 ~ 75）
D □（60 以下）</td></tr>
<tr><td>2</td><td colspan="5">能识读与填写首次维护车舱内检查单、派工单</td><td>15</td><td></td></tr>
<tr><td>3</td><td colspan="5">能查阅资料，写出车舱内检查的具体项目</td><td>10</td><td></td></tr>
<tr><td>4</td><td colspan="5">能查阅资料，写出车舱内检查所需的工具和设备</td><td>15</td><td></td></tr>
<tr><td>5</td><td colspan="5">能查阅资料，写出首次维护车舱内检查项目的具体操作流程</td><td>20</td><td></td></tr>
<tr><td>6</td><td colspan="5">能遵守劳动纪律，以积极的态度接受工作任务</td><td>10</td><td></td></tr>
<tr><td>7</td><td colspan="5">能积极参与小组讨论，发挥团队合作精神</td><td>10</td><td></td></tr>
<tr><td>8</td><td colspan="5">能及时完成教师布置的任务</td><td>10</td><td></td></tr>
<tr><td colspan="6">总　分</td><td>100</td><td></td></tr>
<tr><td>小结
建议</td><td colspan="8"></td></tr>
</table>

学习活动 6　首次维护车底检查与维护

学习目标

1. 能正确使用作业所需的工具和设备。
2. 能识读与填写首次维护车底检查单、派工单。
3. 能规范进行首次维护车底各项目的检查及维护。

建议学时　6 学时

学习过程

一、车下的外观检查

1. 汽车底盘是汽车的＿骨架＿。底盘接受＿发动机＿的动力，使汽车产生运动，并能按＿驾驶员的意图＿操纵而使其正确行驶。

2. 汽车底盘由＿传动系统＿、＿行驶系统＿、＿转向系统＿和＿制动系统＿四部分组成。

3. 查阅资料，写出首次维护车底检查的内容。

检查底盘上的覆盖件是否完整，各油管线路和卡扣是否有脱落现象。观察护板有无拖底划伤或锈蚀。如发现异常，要仔细观察是否波及相关部位的机械部件。检查大梁是否存在断裂、弯曲、焊接等情况。如有，则意味着这辆车多半出过事故。检查排气管部分的腐蚀及破损程度。检查有无漏油现象，主要检查油底壳、传动轴、减振器、制动系统、排气管等。若有漏油现象，则说明部件已破损。检查底盘位置的防尘套是否存在破裂、老化的现象。检查减振器是否漏油，减振胶垫是否老化等。

4. 首次维护车底外观检查方法

车底外观检查见表 2-6-1。

表 2-6-1　车底外观检查

检查项目	检查规范和检查记录	检查示范
1. 前副车架的检查	检查前副车架________是否有磕碰、干涉或其他损伤等	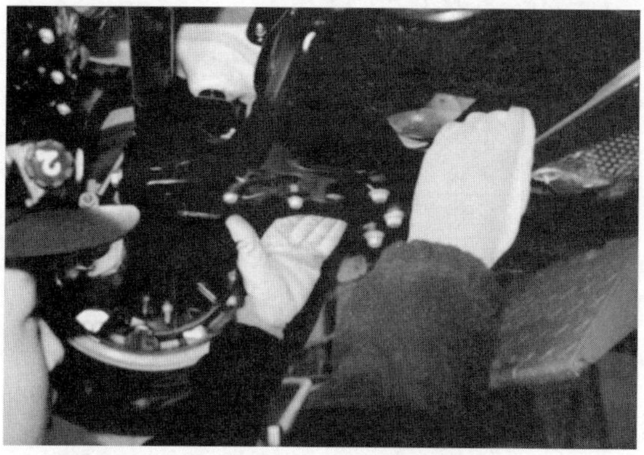
2. 后副车架的检查	检查后副车架________是否有磕碰、干涉或其他损伤等	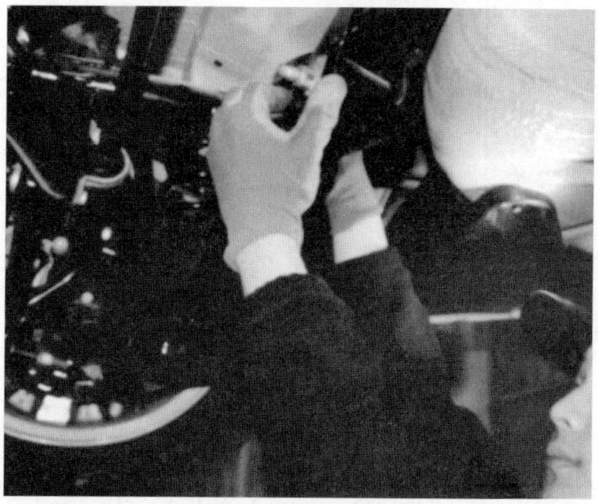
3. 催化器的检查	检查催化器________是否有变形、磕碰、锈蚀等，发动机运转时注意观察是否有杂音	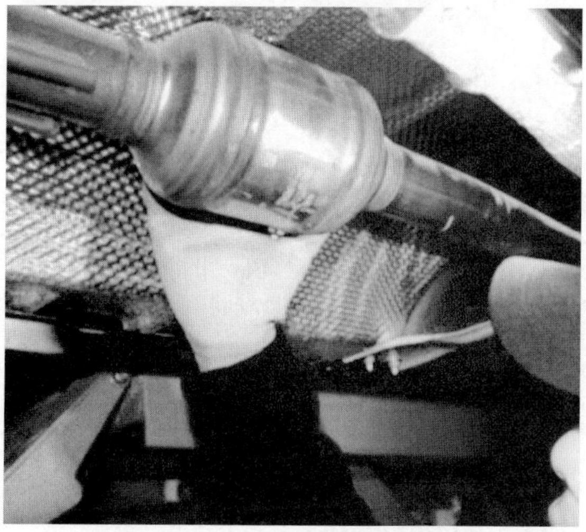

续表

检查项目	检查规范和检查记录	检查示范
4. 前部消声器的检查	检查前部消声器＿＿＿是否有变形、磕碰、锈蚀等，发动机运转时注意观察是否有杂音	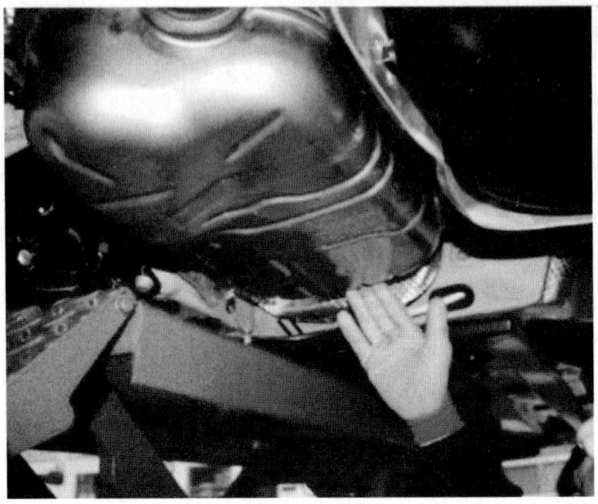
5. 后部消声器的检查	检查后部消声器＿＿＿是否有变形、磕碰、锈蚀等，发动机运转时注意观察是否有杂音	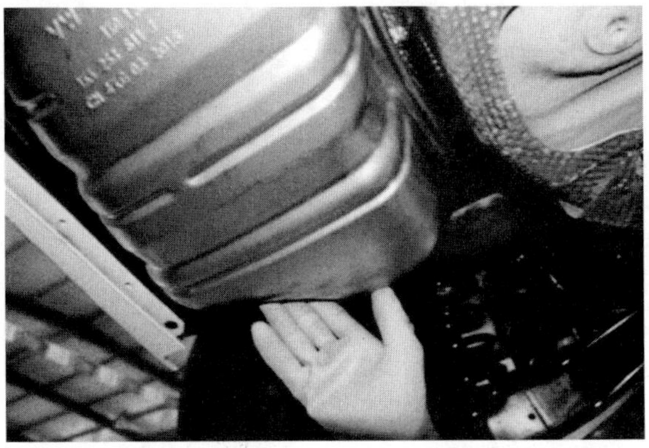
6. 挂钩的检查	检查挂钩的垫圈＿＿＿是否老化或有裂痕等，必要时进行更换	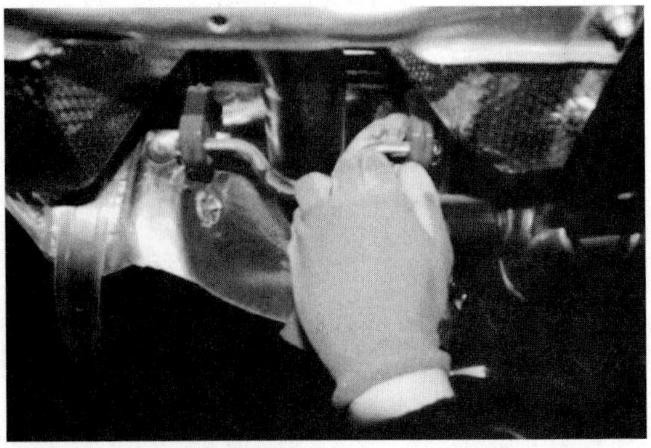

续表

检查项目	检查规范和检查记录	检查示范
7. 底盘防护层的检查	检查车辆底部防护层＿是否有划伤、磕碰、脱落等＿	
8. 空调排水口的检查	检查空调排水口（图中①处）＿是否老化或有裂痕、变形及被堵塞等，必要时进行更换＿	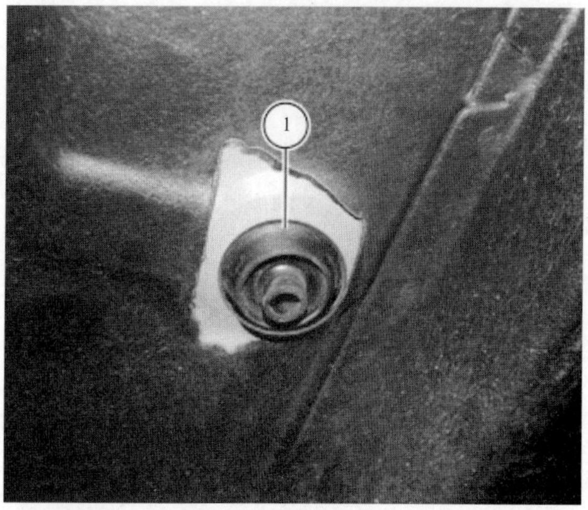
9. 活性炭罐和燃油蒸发器的检查	检查活性炭罐（图中①处）固定＿是否牢固＿，表面＿是否有磕碰、裂痕、划伤等＿。检查燃油蒸发器管路接口处（箭头所示）＿是否有渗漏情况＿	

续表

检查项目	检查规范和检查记录	检查示范
10. 燃油滤清器的检查	检查燃油滤清器＿固定是否牢固＿，表面＿是否有磕碰、变形或其他损伤＿。检查燃油管路接口处＿是否有渗漏情况＿	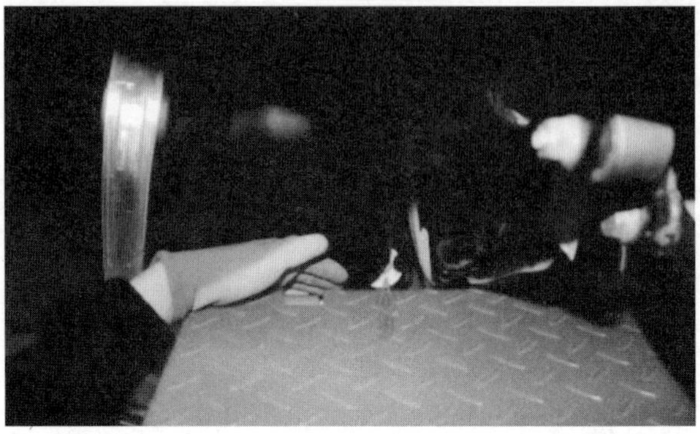
11. 燃油管路的检查	检查底盘上的燃油管路（图中①处）＿是否有磕碰、划伤、干涉等，以及固定是否牢固＿	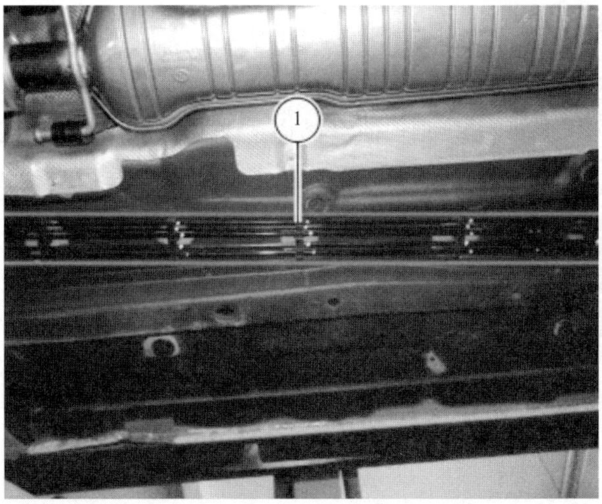
12. 油底壳放油螺塞的检查	检查油底壳放油螺塞＿是否有漏油现象＿	

续表

检查项目	检查规范和检查记录	检查示范
13. 机油滤清器的检查	检查机油滤清器＿是否损坏＿，表面＿是否有漏油现象＿	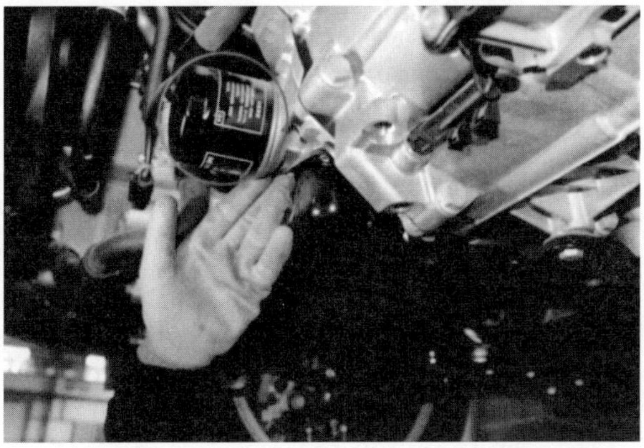
14. 油箱的检查	检查油箱＿是否有损伤、磕碰＿，管路连接处＿是否有损坏＿	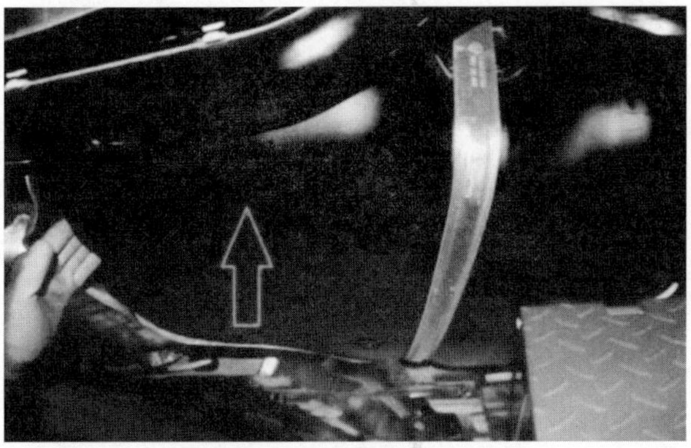
15. 转向横拉杆的检查	检查转向横拉杆＿是否有磕碰、锈蚀、变形等＿	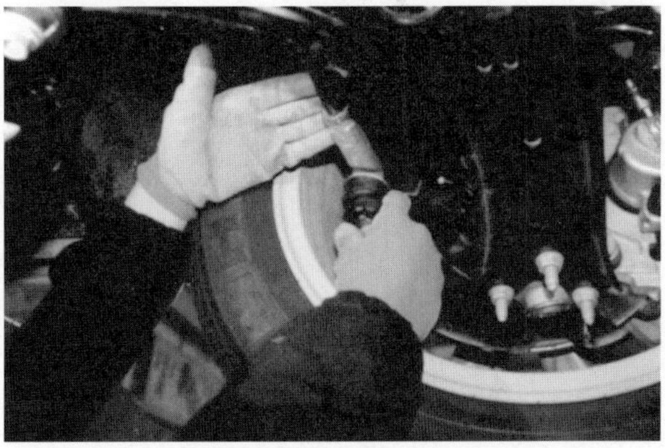

续表

检查项目	检查规范和检查记录	检查示范
16. 转向横拉杆锁紧螺母的检查	检查转向横拉杆的锁紧螺母__是否松动__	
17. 转向横拉杆防尘套的检查	检查转向横拉杆的防尘套__是否老化、松动、变形等__	
18. 传动半轴防尘套的检查	检查传动半轴的防尘套__是否老化、松动、变形等__	

续表

检查项目	检查规范和检查记录	检查示范
19. 传动半轴与自动变速器接触面的检查	检查传动半轴与自动变速器接触面　　是否正常，是否出现渗漏现象	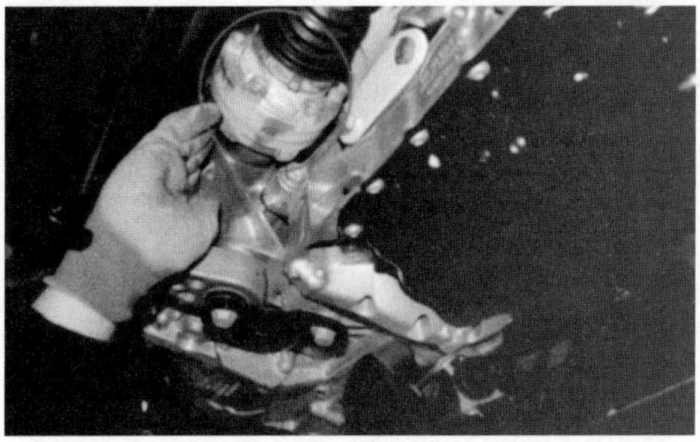
20. 前悬挂系统的检查	（1）检查前减振器　　是否出现渗漏现象 （2）检查前减振弹簧　　是否有变形、磕碰、锈蚀等 （3）检查前减振器防尘套　　是否老化、龟裂或有其他损伤	
21. 后悬挂系统的检查	（1）检查后减振弹簧　　是否有变形、磕碰、锈蚀等 （2）检查后减振器　　是否渗漏或有其他异常情况	

二、螺栓的检查及紧固

1. 查阅资料，说明螺栓失效对行车安全的影响。

若某个或某些螺栓连接失效，会导致被连接件松动、脱离，如果在汽车行驶过程中，很可能造成某些零部件失效或者脱离，轻则导致汽车的主要功能（如转向、制动等）失效，潜在影响行车安全；重则酿成重大安全事故，甚至危及人员生命。

2. 查阅资料，写出预防螺栓松动的措施。

（1）定期检查及紧固。

（2）利用附加摩擦力防松，如采用双螺母、尼龙圈锁紧螺母等。

（3）用机械元件防松，如采用开口销、弹簧垫圈、锁止垫片、带翅垫片等。

（4）其他方法防松（不可拆卸），如采用冲点法、黏合法防松。

3. 检查及紧固方法

螺栓的检查及紧固见表 2–6–2。

表 2–6–2　　螺栓的检查及紧固

检查项目	检查规范和检查记录	检查示范
1. 前副车架与车身固定螺栓的检查及紧固	检查前副车架与车身固定螺栓，并用＿扭力扳手＿进行紧固，拧紧力矩为＿130±10＿N・m	

续表

检查项目	检查规范和检查记录	检查示范
2. 前副车架与发动机连接螺栓的检查及紧固	检查前副车架与发动机连接螺栓，并用＿扭力扳手＿进行紧固，拧紧力矩为＿130±10＿N·m	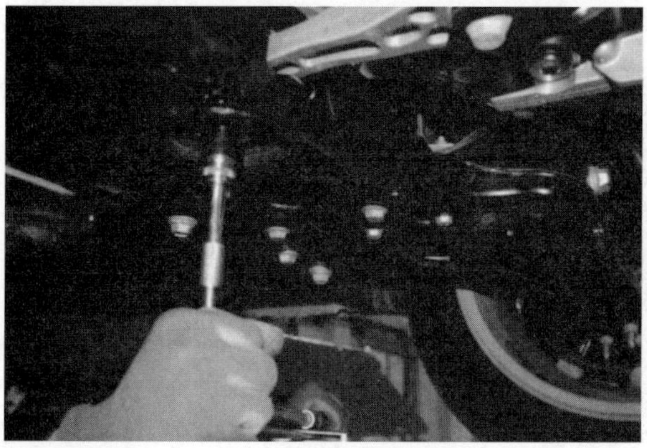
3. 前副车架与稳定杆固定螺栓的检查及紧固	检查前副车架与稳定杆固定螺栓，并用＿扭力扳手＿进行紧固，拧紧力矩为＿130±10＿N·m	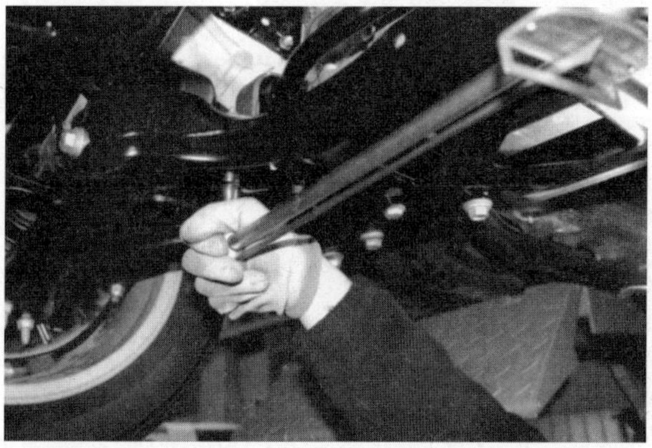
4. 前副车架与下控制臂连接螺栓的检查及紧固	检查前副车架与下控制臂连接螺栓，并用＿扭力扳手＿进行紧固	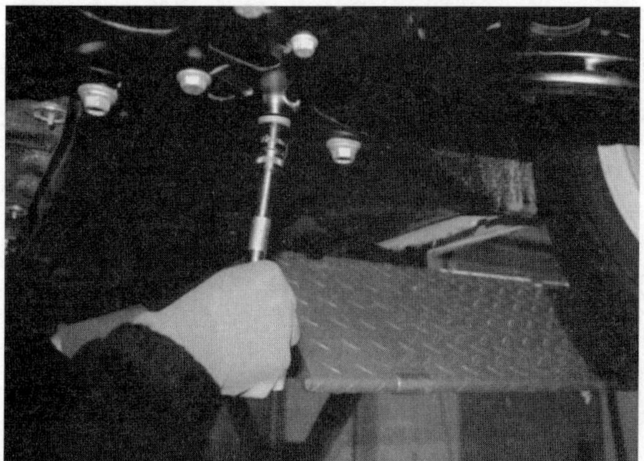

续表

检查项目	检查规范和检查记录	检查示范
5. 转向横拉杆锁紧螺母的检查及紧固	检查并紧固转向横拉杆锁紧螺母（图中①处，共两个），拧紧力矩为 35±5 N·m	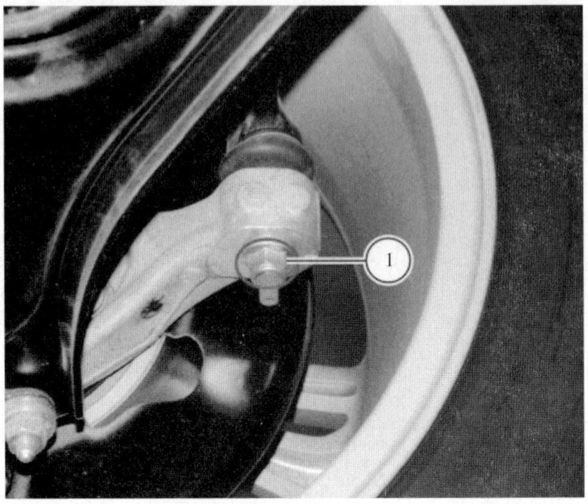
6. 下控制臂与转向节连接螺栓的检查及紧固	检查下控制臂与转向节连接螺栓，并用 扭力扳手 进行紧固	
7. 后副车架固定螺栓的检查及紧固	检查后副车架固定螺栓，并用 扭力扳手 进行紧固	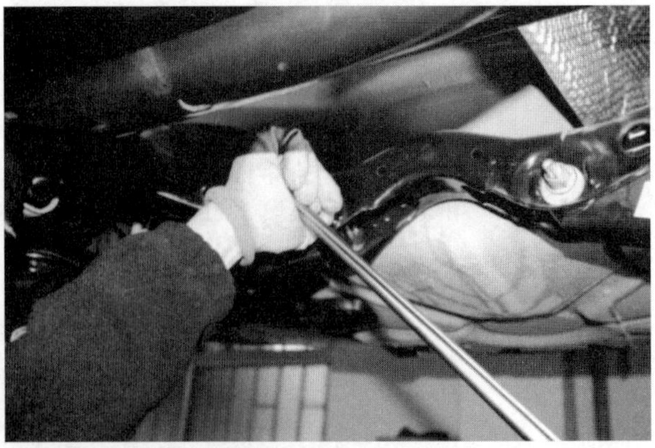

续表

检查项目	检查规范和检查记录	检查示范
8. 后副车架与车身固定螺栓的检查及紧固	检查后副车架与车身固定螺栓，并用＿扭力扳手＿进行紧固	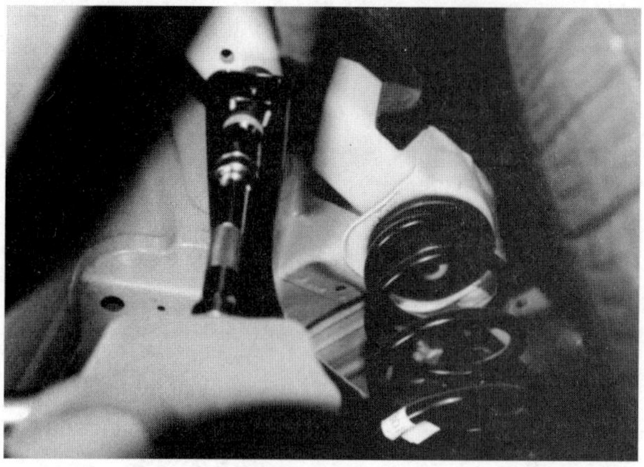
9. 稳定杆连杆与刀口纵臂连接螺栓的检查及紧固	检查稳定杆连杆与刀口纵臂连接螺栓，并用＿扭力扳手＿进行紧固	

三、制动系统的检查

1. 制动踏板高度

制动踏板高度是指＿制动踏板与车内地板之间的距离＿。制动踏板高度的标准范围是＿186～191＿mm。

2. 查阅资料，写出制动踏板自由行程的含义。

制动踏板自由行程是指＿制动踏板踩下去未发挥制动效能的这段距离，是为保证不发生制动拖滞及彻底解除制动而设置的＿。

3. 检查方法

制动系统的检查见表 2-6-3。

表 2-6-3 制动系统的检查

检查项目	检查规范和检查记录	检查示范
1. 检查车轮螺栓防尘罩	用旋具撬出车轮螺栓防尘罩	
2. 拆卸车轮	按照对角的顺序拆卸车轮螺栓，最后拆卸 12 点钟方向的螺栓（图中标注位置），卸下车轮	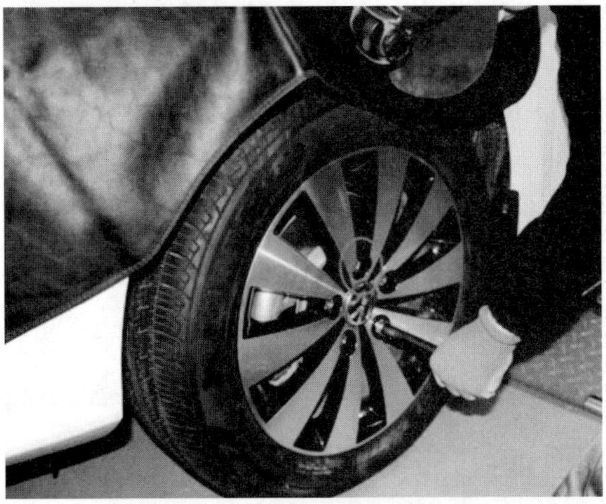
3. 检查制动软管	检查车轮制动软管是否有渗漏、老化、划伤、龟裂等，尤其注意检查管路接口部位	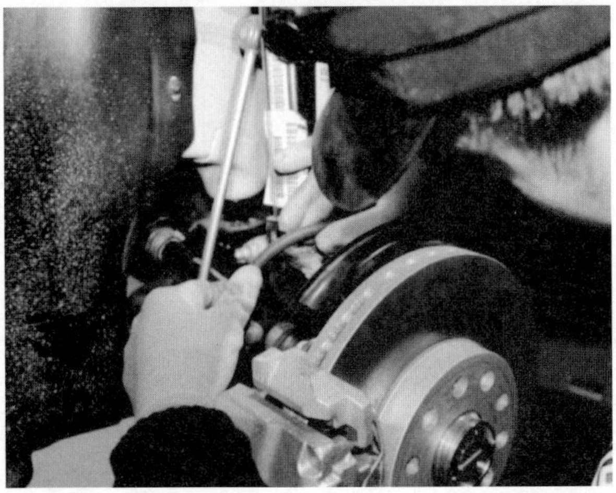

续表

检查项目	检查规范和检查记录	检查示范
4. 拆卸并检查定位卡簧	取下制动钳和摩擦片，拆下定位卡簧	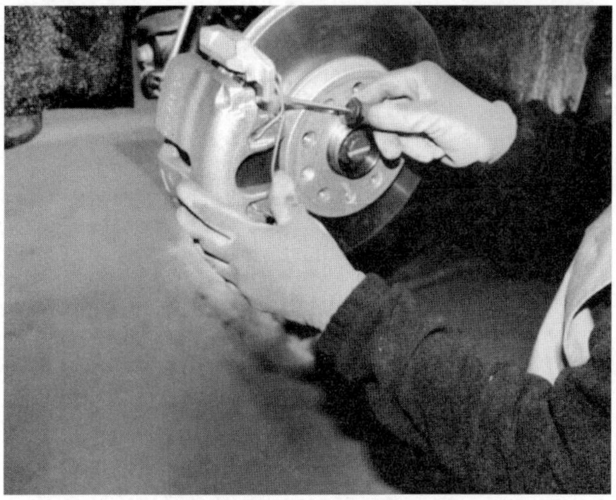
5. 检查制动分泵泵体	检查制动分泵泵体是否正常，表面是否有损伤	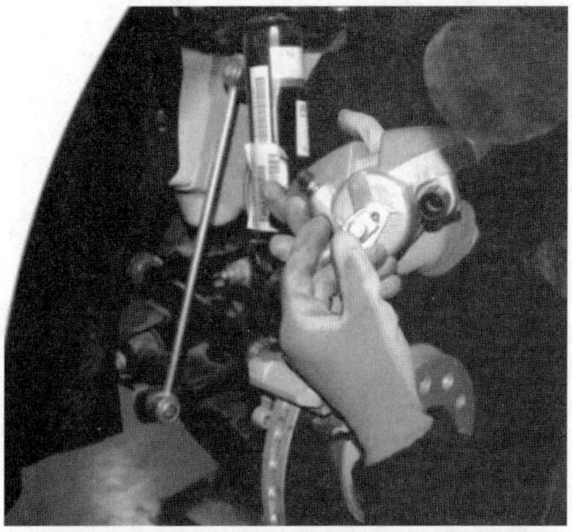
6. 检查制动分泵防尘套	检查制动分泵防尘套是否有老化、变形、龟裂等	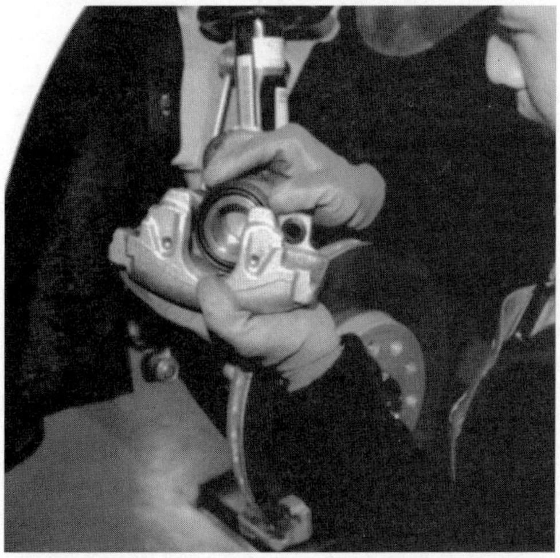

续表

检查项目	检查规范和检查记录	检查示范
7. 检查制动盘厚度	用干净的棉布擦净前轮制动盘，使用千分尺测量前轮制动盘的厚度是否符合标准，前轮制动盘使用极限为 22 mm	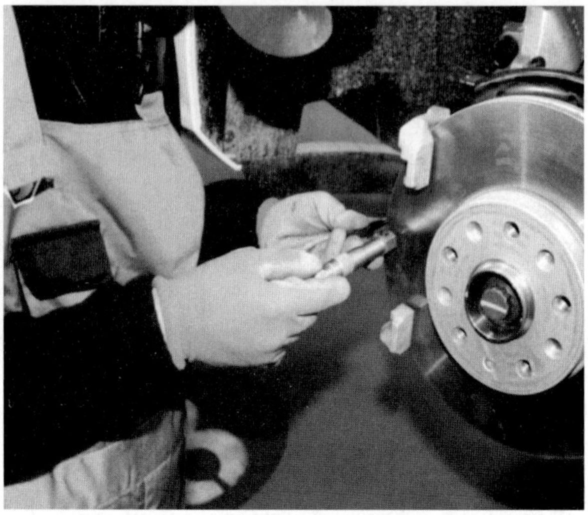
8. 检查制动盘平面度误差	用百分表检查制动盘的平面度误差	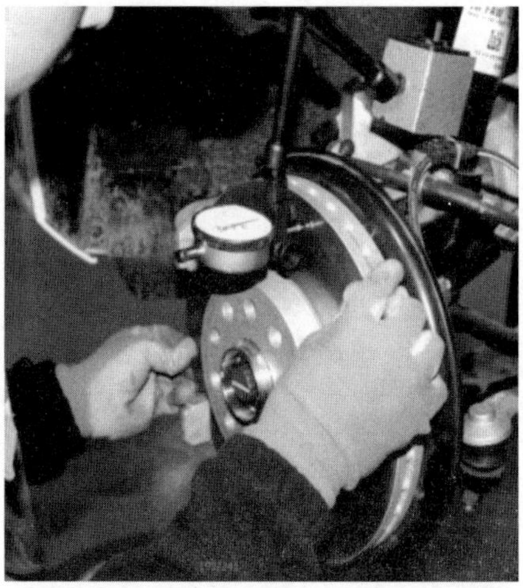
9. 检查制动片	用砂纸清理制动片，使用游标卡尺的深度尺检查制动片的磨损情况（不计背板厚度）	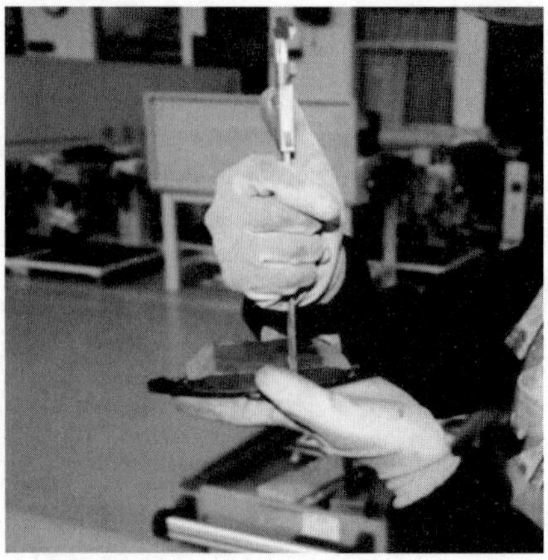

续表

检查项目	检查规范和检查记录	检查示范
10. 装复车轮	装复车轮时按照对角顺序分次拧紧螺栓	
11. 检查轮胎气压	使用轮胎气压表检查轮胎气压	
12. 检查轮胎花纹深度	使用胎纹深度尺检查轮胎花纹深度	

续表

检查项目	检查规范和检查记录	检查示范
13. 按规定力矩拧紧车轮螺栓	按照规定力矩用扭力扳手拧紧车轮螺栓，拧紧力矩为 120 N·m	

四、学习过程评价表

学习过程评价见表 2–6–4。

表 2–6–4　学习过程评价表

<table>
<tr><td>班级</td><td></td><td>姓名</td><td></td><td>学号</td><td></td><td>日期</td><td>年　月　日</td></tr>
<tr><td>序号</td><td colspan="5">评价要点</td><td>配分</td><td>得分</td><td>总评</td></tr>
<tr><td>1</td><td colspan="5">能正确识读及填写工作页，明确学习活动要求</td><td>10</td><td></td><td rowspan="9">A□（86～100）
B□（76～85）
C□（60～75）
D□（60 以下）</td></tr>
<tr><td>2</td><td colspan="5">能完整、规范填写首次维护车底检查单、派工单</td><td>15</td><td></td></tr>
<tr><td>3</td><td colspan="5">能查阅资料，写出首次维护车底检查所需的工具和设备</td><td>10</td><td></td></tr>
<tr><td>4</td><td colspan="5">能查阅资料，写出首次维护车底检查的具体项目</td><td>15</td><td></td></tr>
<tr><td>5</td><td colspan="5">能规范进行首次维护车底各项目的检查及维护</td><td>20</td><td></td></tr>
<tr><td>6</td><td colspan="5">能遵守劳动纪律，以积极的态度接受工作任务</td><td>10</td><td></td></tr>
<tr><td>7</td><td colspan="5">能积极参与小组讨论，发挥团队合作精神</td><td>10</td><td></td></tr>
<tr><td>8</td><td colspan="5">能及时完成教师布置的任务</td><td>10</td><td></td></tr>
<tr><td colspan="6">总　分</td><td>100</td><td></td></tr>
<tr><td>小结
建议</td><td colspan="8"></td></tr>
</table>

学习活动 7　工作总结与评价

学习目标

1. 能全面、规范地进行汽车首次维护各项作业。
2. 能以小组形式，对学习过程和成果进行总结性汇报。
3. 能完成对学习过程的综合评价。

建议学时　4 学时

学习过程

一、工作总结

在世界技能大赛中，要求选手具有一定的组织规划、沟通、创新等能力，这在实际的生产工作中是十分必要的。以小组为单位，选择演示文稿、展板、海报、录像等形式中的一种或几种，向全班展示及汇报学习成果。

二、综合评价

针对本学习任务的学习情况，根据表 2-7-1 所列综合评价标准进行评分。

表 2-7-1　综合评价标准

评价项目	评价内容及标准	配分	评分		
			自我评价	小组评价	教师评价
			10%	30%	60%
组织和管理	团队合作，合理计划，高效管理时间	3			
	及时检查练习进展和效果	3			
	保证高质量完成练习	4			
沟通能力	在模拟练习中准确理解客户需求	10			
	在模拟练习中准确回答客户疑问	10			

续表

<table>
<tr><th rowspan="3">评价项目</th><th rowspan="3">评价内容及标准</th><th rowspan="3">配分</th><th colspan="3">评分</th></tr>
<tr><th>自我评价</th><th>小组评价</th><th>教师评价</th></tr>
<tr><th>10%</th><th>30%</th><th>60%</th></tr>
<tr><td rowspan="2">计划创新能力</td><td>及时处理练习中遇到的问题</td><td>10</td><td></td><td></td><td></td></tr>
<tr><td>提出创新性、可行性建议，提高学习效率</td><td>10</td><td></td><td></td><td></td></tr>
<tr><td rowspan="4">专业知识</td><td>掌握车辆预检的内容和操作方法</td><td>5</td><td></td><td></td><td></td></tr>
<tr><td>能识读与填写首次维护接车单，熟悉汽车维护接待流程等知识</td><td>5</td><td></td><td></td><td></td></tr>
<tr><td>掌握发动机各系统组成和原理的相关知识</td><td>5</td><td></td><td></td><td></td></tr>
<tr><td>熟悉首次维护用品的名称、规格、牌号并能正确选择</td><td>5</td><td></td><td></td><td></td></tr>
<tr><td rowspan="2">实践能力</td><td>掌握首次保养所需的工具、量具、仪器和设备的正确、熟练使用技能</td><td>15</td><td></td><td></td><td></td></tr>
<tr><td>掌握首次保养相关部件的拆卸、测量、装配方法</td><td>15</td><td></td><td></td><td></td></tr>
<tr><td>学生姓名</td><td></td><td colspan="2">综合评价得分</td><td colspan="2"></td></tr>
<tr><td>指导教师</td><td></td><td colspan="2">日期</td><td colspan="2"></td></tr>
</table>

三、学习任务二整体评价

学习任务二整体评价见表 2-7-2。

表 2-7-2 学习任务二整体评价表

<table>
<tr><th rowspan="3">项目</th><th colspan="3">自我评价</th><th colspan="3">小组评价</th><th colspan="3">教师评价</th></tr>
<tr><th>10 ~ 9</th><th>8 ~ 6</th><th>5 ~ 1</th><th>10 ~ 9</th><th>8 ~ 6</th><th>5 ~ 1</th><th>10 ~ 9</th><th>8 ~ 6</th><th>5 ~ 1</th></tr>
<tr><th colspan="3">占总评 10%</th><th colspan="3">占总评 30%</th><th colspan="3">占总评 60%</th></tr>
<tr><td>学习活动 1</td><td></td><td></td><td></td><td></td><td></td><td></td><td></td><td></td><td></td></tr>
<tr><td>学习活动 2</td><td></td><td></td><td></td><td></td><td></td><td></td><td></td><td></td><td></td></tr>
<tr><td>学习活动 3</td><td></td><td></td><td></td><td></td><td></td><td></td><td></td><td></td><td></td></tr>
<tr><td>学习活动 4</td><td></td><td></td><td></td><td></td><td></td><td></td><td></td><td></td><td></td></tr>
<tr><td>学习活动 5</td><td></td><td></td><td></td><td></td><td></td><td></td><td></td><td></td><td></td></tr>
<tr><td>学习活动 6</td><td></td><td></td><td></td><td></td><td></td><td></td><td></td><td></td><td></td></tr>
<tr><td>协作精神</td><td></td><td></td><td></td><td></td><td></td><td></td><td></td><td></td><td></td></tr>
<tr><td>纪律观念</td><td></td><td></td><td></td><td></td><td></td><td></td><td></td><td></td><td></td></tr>
</table>

续表

项目	自我评价			小组评价			教师评价		
	10～9	8～6	5～1	10～9	8～6	5～1	10～9	8～6	5～1
	占总评 10%			占总评 30%			占总评 60%		
表达能力									
工作态度									
任务总体表现									
小计									
总评									

世赛知识

世界技能大赛发展史

世界技能大赛已经有六十多年的历史，最早的比赛始于西班牙。1946 年，西班牙国内技术工人大量短缺，为应对这一困境，时任西班牙青年组织总干事的何塞・安东尼奥・埃尔拉・奥拉索（José Antonio Elola Olaso）萌生了以职业技能竞赛吸引年轻人接受职业教育的想法。在他的授意下，时任西班牙最大技能培训中心负责人的弗朗西斯科・阿尔伯特・维达（Francisco Albert-Vidal）和其他几位同事一起，将这一想法变为了现实。阿尔伯特・维达提出通过组织这项特别的行动来激发年轻人学习技能的热情，并使得他们的父母、老师和雇主相信：良好的技能训练也可以为年轻人带来光明的未来。在他的带领下，西班牙于 1947 年进行了第 1 次尝试——在国内成功举办了第 1 届全国职业技能大赛，共有约 4 000 名学徒参与其中。随后，经过一系列努力，1950 年，西班牙与历史、文化、语言都相似的葡萄牙携手，在西班牙马德里举办了第 1 届世界技能大赛，世界技能大赛的帷幕正式拉开。作为当今世界最负盛名的技能赛事，世界技能大赛最初的赛事规模并不宏大，只有来自两个国家的 24 名青年技术工人参加。与此同时，两国在西班牙创立了世界技能组织的前身——“国际职业技能训练组织”（international vocation training organization，IVTO），这个组织也就是后来各届世界技能大赛的举办者。

1953 年，在西班牙的邀请下，德国、英国、法国等欧洲国家纷纷加入“国际职业技能训练组织”。1954 年，由各成员选派的行政代表和技术代表组成的组委会成立，专门负责制定和完善竞赛规则，这种模式沿用至今。

从 20 世纪 60 年代起，日本、韩国等亚洲国家也先后加入。来自全球不同国家和地区的不同肤色的选手纷纷登上世界技能大赛的舞台，赛事规模日益壮大。时至今日，世界技能大赛已成为真正的世界级技能竞技比赛，世界技能组织各成员国家和地区的青年技术人才齐聚一堂，展示、交流各自的技能，相互学习彼此的经验，分享胜利的喜悦。

1955—1971 年，世界技能大赛每年举办一届，自 1971 年起，基本稳定为每两年举办一届。经过将近 70 年的发展，世界技能大赛的参赛规模从 1950 年 2 个参赛队 24 名参赛选手发展到 2019 年 69 个参赛队 1 355 名参赛选手。2019 年 10 月 22—27 日在俄罗斯喀山举办的第 45 届世界技能大赛是迄今为止规模最大的技能竞赛。

历届世界技能大赛以在欧洲举办为主，在亚洲举办过 7 届，即第 19 届（1970 年）日本东京、第 24 届（1978 年）韩国釜山、第 28 届（1985 年）日本大阪、第 32 届（1993 年）中国台北、第 36 届（2001 年）韩国汉城（2005 年 1 月 19 日更名为“首尔”）、第 39 届（2007 年）日本静冈和第 44 届（2017 年）阿联酋阿布扎比。此外，在北美洲举办过 1 届，即第 26 届（1981 年）美国亚特兰大；在拉丁美洲举办过 1 届，即第 43 届（2015 年）巴西圣保罗。从欧洲到亚洲、到美洲，世界技能大赛足迹的延伸充分说明了其创意的成功之处。以技能的比拼、展示、传播为核心，以鼓励青年技术工人成长为己任，世界技能大赛从诞生之日起，就与社会生产具有紧密的联系，满足了社会发展的需求，顺应了历史的潮流。

学习任务三　汽车 40 000 km 维护

1. 能查阅保养手册，列举出车辆 40 000 km 维护项目，并能区分出 40 000 km 新增维护项目。

2. 能描述 40 000 km 新增维护项目所用工具、量具、仪器和设备的名称、种类、用途及其使用方法。

3. 能叙述火花塞的作用、结构、间隙、类型，并能正确选择火花塞。

4. 能正确判断火花塞的故障现象，并能更换火花塞。

5. 能正确更换多楔带。

6. 能正确选择及更换冷却液。

7. 能叙述燃油滤清器的作用、安装位置、结构特点，能更换燃油滤清器。

8. 能叙述制动液的作用、类型、特点，并能更换制动液。

9. 能对维修场地设备进行日常维护及保养，按现场“6S”管理规定清理现场。

10. 能查阅资料，完成维修工单、工作页的填写。

11. 能展示工作成果，进行任务评价，总结工作经验，优化检修方案。

12. 能在作业过程中严格执行企业操作规范、安全生产制度、环保管理制度以及“6S”管理规定，严格遵守从业人员的职业道德，具有吃苦耐劳、爱岗敬业的工作态度和职业责任感。

36 学时

工作情境描述

某客户驾驶已行驶 40 000 km 的新速腾轿车进店做维护。维修接待员与客户确认维护信息后，向客户承诺 4 h 交车，并向车间递交维护工单。维修人员按照保养手册要求在规定时间内完成 40 000 km 维护作业，并交由班组长进行验收后交车。

工作流程与活动

学习活动 1　查找 40 000 km 新增维护项目（4 学时）

学习活动 2　实施 40 000 km 新增维护项目（30 学时）

学习活动 3　工作总结与评价（2 学时）

思维导图

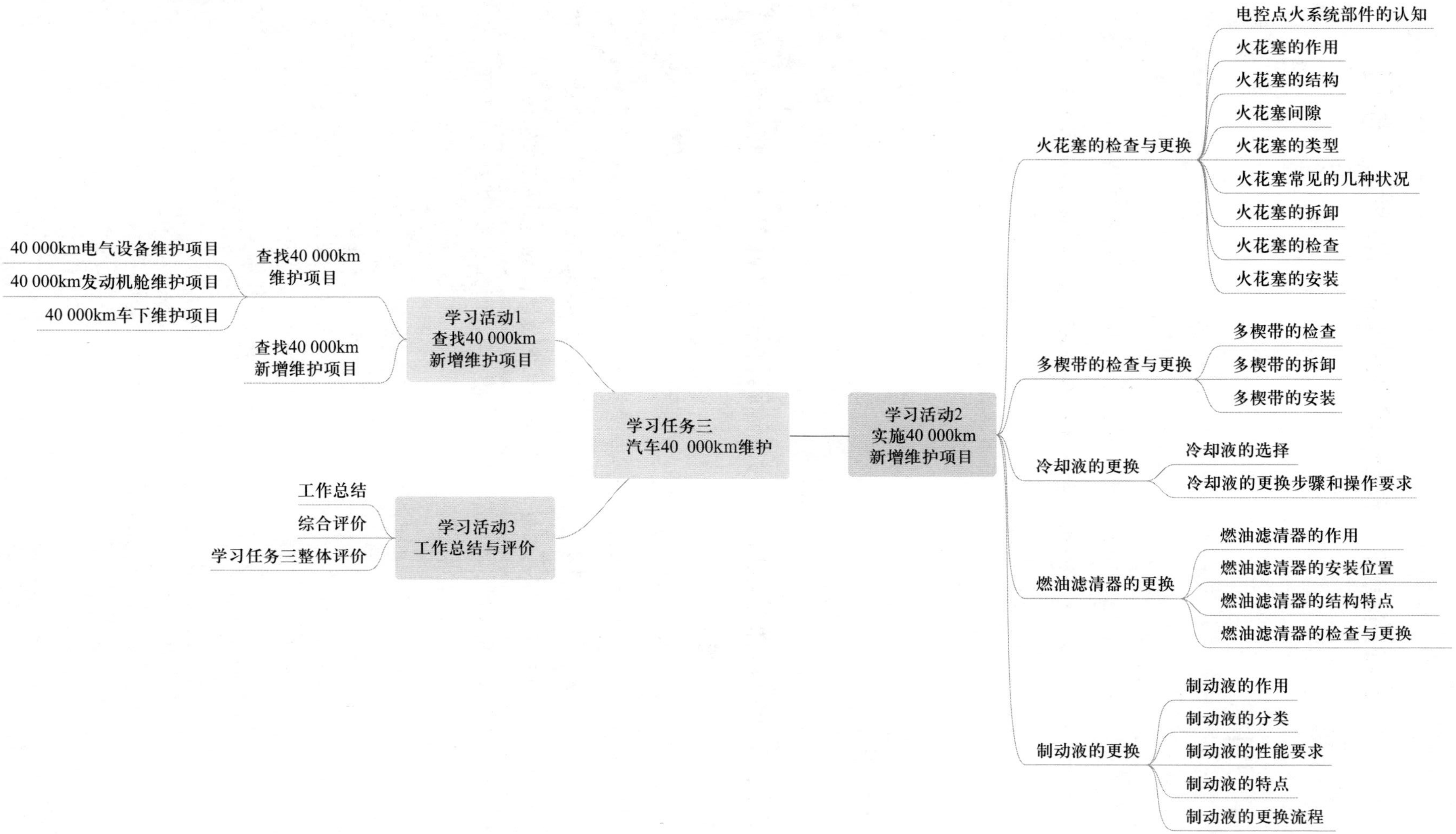

- 学习任务三 汽车40 000km维护
  - 学习活动1 查找40 000km新增维护项目
    - 查找40 000km维护项目
      - 40 000km电气设备维护项目
      - 40 000km发动机舱维护项目
      - 40 000km车下维护项目
    - 查找40 000km新增维护项目
  - 学习活动2 实施40 000km新增维护项目
    - 火花塞的检查与更换
      - 电控点火系统部件的认知
      - 火花塞的作用
      - 火花塞的结构
      - 火花塞间隙
      - 火花塞的类型
      - 火花塞常见的几种状况
      - 火花塞的拆卸
      - 火花塞的检查
      - 火花塞的安装
    - 多楔带的检查与更换
      - 多楔带的检查
      - 多楔带的拆卸
      - 多楔带的安装
    - 冷却液的更换
      - 冷却液的选择
      - 冷却液的更换步骤和操作要求
    - 燃油滤清器的更换
      - 燃油滤清器的作用
      - 燃油滤清器的安装位置
      - 燃油滤清器的结构特点
      - 燃油滤清器的检查与更换
    - 制动液的更换
      - 制动液的作用
      - 制动液的分类
      - 制动液的性能要求
      - 制动液的特点
      - 制动液的更换流程
  - 学习活动3 工作总结与评价
    - 工作总结
    - 综合评价
    - 学习任务三整体评价

学习活动 1　查找 40 000 km 新增维护项目

学习目标

1. 能查阅相关资料找出车辆 40 000 km 维护项目。
2. 能查阅相关资料找出车辆 40 000 km 新增维护项目。

建议学时　4 学时

学习过程

一、查找 40 000 km 维护项目（参考新速腾轿车常规保养单，见表 3–1–1）

1. 40 000 km 电气设备维护项目

以新速腾轿车为例，写出其 40 000 km 电气设备维护项目的内容。

以新速腾轿车为例，40 000 km 电气设备维护项目包括：查询自诊断系统故障存储器；检查蓄电池固定情况和蓄电池电压；检查车内所有开关、车内照明灯、用电器、显示器和仪表各警告灯的功能；检查车外前部、后部、行李舱照明灯等所有灯光状态和闪烁报警装置功能；检查前照灯光束，如必要，调整前照灯光束；检查刮水器、清洗器功能及刮水器的停止位置，如必要，调整喷嘴；更换粉尘及花粉滤清器滤芯。

2. 40 000 km 发动机舱维护项目

以新速腾轿车为例，写出其 40 000 km 发动机舱维护项目的内容。

以新速腾轿车为例，40 000 km 发动机舱维护项目包括：目测检查发动机及机舱内的其他部件是否有渗漏或损坏（从上面）；检查制动液，必要时更换；检查冷却液，必要时更换；检查玻璃清洗液液面高度，必要时添加；更换发动机机油及机油滤清器；检查火花塞，必要时更换；检查多楔带的状态，必要时更换；更换空气滤清器滤芯，清洗壳体。

3. 40 000 km 车下维护项目

以新速腾轿车为例，写出其 40 000 km 车下维护项目的内容。

以新速腾轿车为例，40 000 km 车下维护项目包括：目测检查变速器、主减速器及等速万向节防护套有无渗漏或损坏（从下面）；检查转向横拉杆球头的间隙、固定情况及防尘套状况；检查自动变速器润滑油油位，如有必要，添加润滑油；目测检查制动系统是否有渗漏和损坏；目测检查车身底部防护层和底部饰板是否破损；检查前、后制动片厚度；检查所有轮胎（包括备胎）的花纹深度和磨损形态，清除轮胎上的异物，进行轮胎换位，按要求检查轮胎气压，必要时进行校正；检查车轮螺栓拧紧力矩；检查排气系统是否有渗漏或损坏及紧固程度；更换燃油滤清器。

表 3-1-1　　常规保养单

一汽-大众特许经销商（服务）

常规保养单

New Sagitar GP

用户姓名	牌照号	底盘号	购车日期	行驶里程(km)	保养日期

5000	10000	20000	30000	40000	50000	60000	70000	80000	90000	100000	110000	120000	130000	140000	150000	160000	170000	180000	190000	200000	210000	220000

保养间隔		保养内容	合格	不合格	消除
二保之后每10000公里或每1年定期保养；10000公里或首保后1年定期保养；5000公里或1年首次保养	电气设备	**自诊断系统**：查询故障存储器			
		保养周期指示器：复位			
	汽车外部	**车门止动器、发动机舱盖锁扣**：润滑			
		装备**TSI发动机**的车型：加注燃油添加剂G17			
	轮胎	**前、后制动摩擦衬块**：检查厚度：标准>2mm（不计背板）。 检查结果：左前□ 右前□ 左后□ 右后□			
		所有轮胎（包括备胎）：检查花纹深度（标准>1.6mm）及磨损形态，消除轮胎上的异物。 检查结果：左前□ 右前□ 左后□ 右后□ 备胎□ 进行车轮换位，并检查车轮螺栓拧紧力矩（标准值120NM）			
		检查前轮轮胎气压：满载□ 半载□ 舒适□ 标准值______bar；调整后结果：左前□ 右前□ **检查后轮轮胎气压**：满载□ 半载□ 舒适□ 标准值______bar；调整后结果：左后□ 右后□ **检查备胎气压**：标准值　　　bar；调整后结果：备胎□			
		装备**胎压监控指示器**的车型：校正胎压后需重新标定			
	汽车下面	**发动机机油及机油滤清器**：更换（注：如拆卸油底壳放油螺栓，按要求更换放油螺栓和垫片）； **机油标准**：VW 502 00，机油实际加注量应以机油标尺为准。			
		车身底部防护层和底饰板：目测检查是否破损			
		制动系统：目测检查是否有泄漏和损坏			
		变速箱，主减速器及等速万向节防护套：目测检查有无泄漏或损坏			
		转向横拉杆球头：检查间隙，紧固程度及防尘套状况			
	发动机舱	**发动机及机舱内的其它部件**：目测检查是否有泄漏或损坏			
		蓄电池：检查固定情况，电眼颜色（免维护蓄电池无电眼检查电瓶电压____V及其电解液液位）			
		制动液：检查液位，必要时添加			
		风窗清洗液：检查液面高度，必要时添加			
		冷却液：检查液面高度及浓度（防冻能力），冰点测量值：______℃（标准值：-35℃及以下）；必要时添加冷却液或调整浓度			
	最后	**试车**：检查脚、手制动器，变速箱，离合器，转向及空调等功能，查询故障存储器，终检			
	电气设备	检查**安全气囊和安全带**状态及安全气囊罩壳是否损坏			
		车内所有开关、车内照明、用电器、显示器和仪表各警报指示灯：检查功能			
		滑动/外翻式天窗：检查天窗功能、清洗导轨并用专用润滑脂润滑、清洁导流板、清洁并润滑天窗密封条			
		滑动/外翻式天窗：检查排水功能，必要时清洁			
		车外前部、后部、行李箱照明灯等所有灯光状态和闪烁报警装置、静态弯道行车灯、自动行车灯控制：检查功能			
		风窗刮水器、清洗器：检查功能，必要时调整喷嘴			
		大灯：检查光束，如必要，调整大灯光束			
		粉尘及花粉过滤器：清洁外壳，更换滤芯			
	汽车下面	**主销球头防尘套、前后车桥橡胶金属支座、连接杆及稳定杆橡胶金属支座**：目检是否损坏			
		排气系统：检查是否有泄漏或损坏及紧固程度			
		前后部螺旋弹簧和缓冲块、塑料防尘罩：检查是否损坏			
	发动机舱	**警告标签**：检查是否完好			
		空气滤清器：清洁壳体，检查滤芯状态，必要时采取相应维修保养措施			
其它保养项目	电气设备	**带气体放电灯泡的大灯(氙灯)**：进行基本设置(首次60000公里或4年，之后每60000公里或每4年)			
	汽车下面	**更换制动液**：非营运车-首次3年，之后每2年；营运车-每50000公里/2年			
		09G型自动变速箱：检查ATF润滑油油位必要时添加（每20000公里）； 更换ATF润滑油（首次60000公里，之后每60000公里）			
		02E型双离合器变速箱：更换DSG油和滤清器(首次60000公里，之后每60000公里)			
		燃油滤清器：更换(首次60000公里或4年，之后每60000公里或每4年)			
	发动机舱	装备**SRE发动机**的车型：更换火花塞（首次30000公里，之后每30000公里）			
		装备**TSI发动机**的车型：更换火花塞（首次20000公里，之后每20000公里）			
		空气滤清器：更换滤芯，清洁壳体（首次20000公里或2年，之后每20000公里或每2年）			
		多楔皮带：检查状态，必要时更换（首次30000公里或2年，之后每30000公里或每2年）； 每120000公里或每6年更换多楔皮带			
		正时齿带及齿带张紧轮（除2.0TSI发动机）：每90000公里检查，必要时更换；每120000公里更换			
		水泵齿形皮带（除2.0TSI发动机）：每90000公里检查，必要时更换；每120000公里更换			

注意：

- ◆ 所有保养项目，请检修工根据车辆行驶里程/时间进行选择(以先达到者为准)。
- ◆ 加注机油时应小心防止机油溅出；机油加注完毕后务必拧紧机油加注口盖，并清洁机油加注口及气缸盖罩周围的油渍，保证其清洁无油渍。
- ◆ 本项目单的保养内容是根据汽车正常行驶情况下制定的，对于经常在恶劣条件下使用的车辆，某些保养内容需在两次保养间隔之间提前进行。特别是经常停车/起动及经常在低温条件下使用的车辆，应经常检查机油油位，并定期更换机油，经常在高尘环境或地区使用的车辆应增加清洗壳体及更换空气滤清器滤芯的频次。
- ◆ 每次保养时请在表格上方的行驶里程表上打勾。
- ◆ 装备TSI发动机的车型：每次定期保养（包括5000公里首次保养）建议加注燃油添加剂G17，并需由用户购买。
- ◆ 检查是否加装或改装其它电气设备或机械附件，并在本次保养单备注中注明"有"或"无"，若"有"，请详细注明！

维修技师签名：	质量检查员签名：	用户签名：

- 目检；合格 - 已检查未发现缺陷；不合格 - 检查中发现缺陷 ；消除 - 按维修信息消除缺陷

备注：
- ◆ **加装或改装其它电气设备(　　)，如果有，请列出：**
- ◆ **加装或改装机械附件(　　)，如果有，请列出：**
- ◆ **建议下次保养：_ _ _ _公里　_ _ _ _年_ _ _ _月**

选择机油类型　□ 专用机油　□ 优选机油　□ 高端机油

二、查找 40 000 km 新增维护项目

40 000 km 新增维护项目主要包括：更换__火花塞__，更换__多楔带__，更换__冷却液__，更换__制动液__，更换__燃油滤清器__等。

三、学习过程评价

学习过程评价见表 3–1–2。

表 3–1–2　　学习过程评价表

班级		姓名		学号	日期	年　月　日
序号	评价要点			配分	得分	总评
1	能正确识读及填写工作页，明确学习活动要求			10		A□（86 ~ 100） B□（76 ~ 85） C□（60 ~ 75） D□（60 以下）
2	能查阅资料，写出车辆 40 000 km 维护项目			30		
3	能查阅资料，写出车辆 40 000 km 新增维护项目			30		
4	能遵守劳动纪律，以积极的态度接受工作任务			10		
5	能积极参与小组讨论，发挥团队合作精神			10		
6	能及时完成教师布置的任务			10		
总　分				100		
小结建议						

学习活动 2　实施 40 000 km 新增维护项目

学习目标

1. 能叙述火花塞的作用、结构、间隙、类型，并能正确选择火花塞。
2. 能正确判断火花塞的故障现象，并能更换火花塞。
3. 能正确更换多楔带。
4. 能正确选择及更换冷却液。
5. 能描述燃油滤清器的作用和安装位置。
6. 能正确更换燃油滤清器。
7. 能正确选择及更换制动液。
8. 能正确选择及使用工具。

建议学时　30 学时

学习过程

一、火花塞的检查与更换

1. 电控点火系统部件的认知

查阅资料，标出图 3–2–1 所示电控点火系统各组成部分的名称。

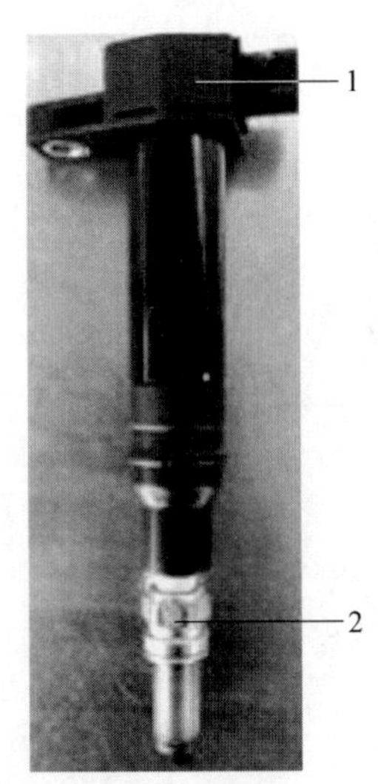

图 3–2–1　电控点火系统

1—<u>点火线圈</u>　2—<u>火花塞</u>

2. 火花塞的作用

火花塞的作用是<u>把高压导线送来的脉冲高压电放电，击穿火花塞两电极间的空气，产生电火花，以引燃气缸内的混合气体</u>。

3. 火花塞的结构

查阅资料，标出图 3–2–2 所示火花塞各组成部分的名称。

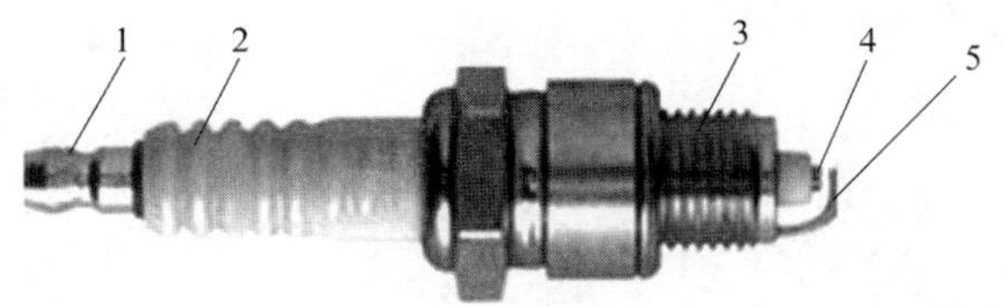

图 3-2-2　火花塞的结构

1—接线螺母　2—绝缘体　3—螺纹　4—中心电极　5—侧电极

4. 火花塞间隙

火花塞间隙是指火花塞 中心电极 与 侧电极 之间的距离。

5. 火花塞的类型

（1）按热传导性能不同可将火花塞分为 热型 和 冷型 两种。如图 3-2-3a 所示为 热型 火花塞，图 3-2-3b 所示为 冷型 火花塞。

（2）火花塞按外形不同可分为标准型、绝缘突出型、细电极型、锥座型、多极型。查阅相关资料，写出图 3-2-4 所示各种火花塞的类型。

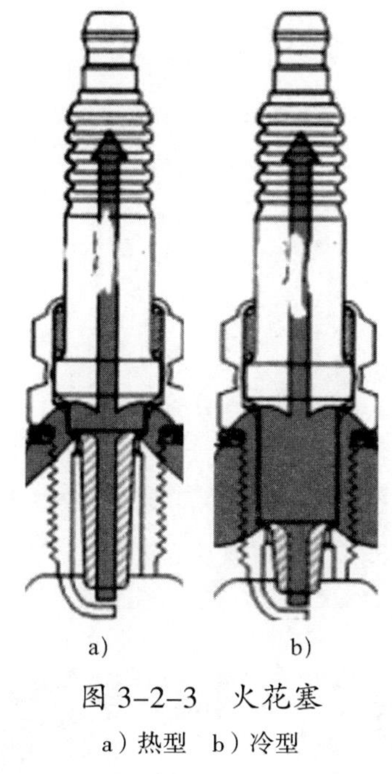

图 3-2-3　火花塞

a）热型　b）冷型

a)　b)　c)

图 3-2-4　火花塞的类型

a）标准型 火花塞　b）绝缘突出型 火花塞

c）多极型 火花塞

（3）火花塞按材质不同可分为 镍合金 火花塞、铂金 火花塞、铱金 火花塞。

6. 火花塞常见的几种状况

如图 3-2-5a 所示火花塞的状况是 正常 ，图 3-2-5b 所示火花塞的状况是 电极消耗 ，图 3-2-5c 所示火花塞的状况是 积碳 。

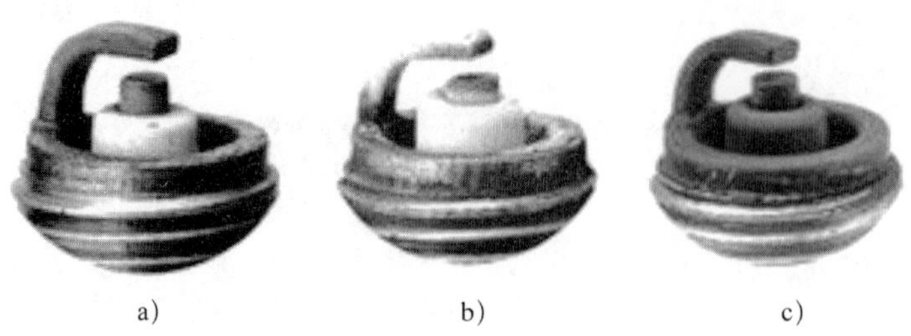

a)　　b)　　c)

图 3-2-5　火花塞的状况

7. 火花塞的拆卸

（1）火花塞的拆装工具

查阅资料，指出图 3-2-6 所示火花塞拆装工具的名称。

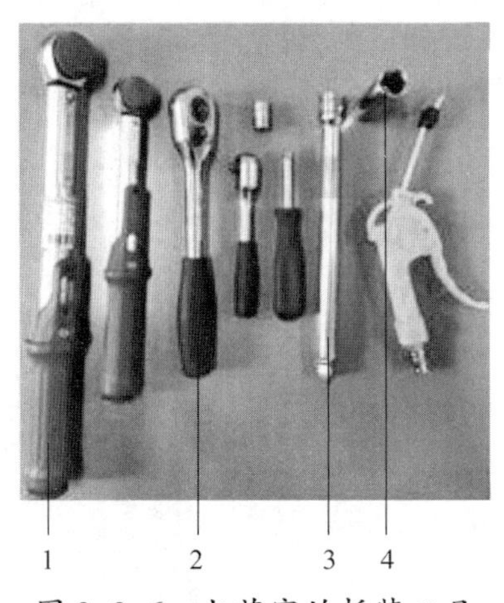

图 3-2-6　火花塞的拆装工具

1—<u>预置式扭力扳手</u>　2—<u>棘轮扳手</u>　3—<u>长接杆</u>　4—<u>火花塞套筒</u>

（2）火花塞的拆卸步骤和操作要求见表 3-2-1。

表 3-2-1　火花塞的拆卸步骤和操作要求

拆卸步骤	操作要求	操作示范
拆卸空气滤清器总成	用<u>压缩空气</u>吹扫发动机舱。取下发动机盖板，松开<u>空气软管卡子</u>，将空气软管从空气滤清器壳体上拔下，从车上取下空气滤清器滤芯	

续表

拆卸步骤	操作要求	操作示范
拔下线束插头	如右图中 A 位置所示，小心地松开插头联锁机构，然后拔下插头	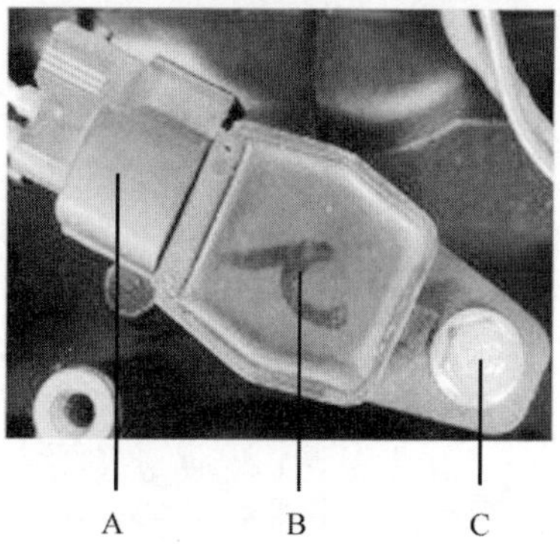 A B C
清理	用___压缩空气___吹净点火线圈周围的灰尘和异物	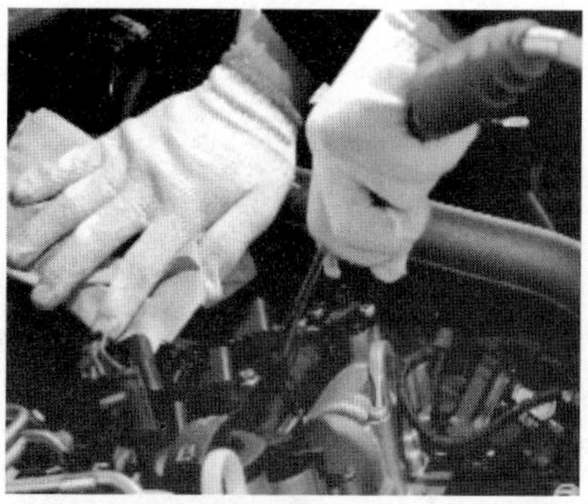
拧下点火线圈___固定螺栓___	如右图中 B 位置所示	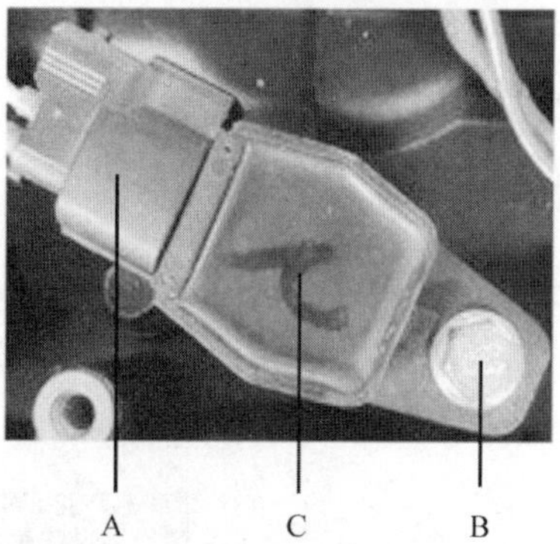 A C B
取出___点火线圈___	如右图中 C 位置所示	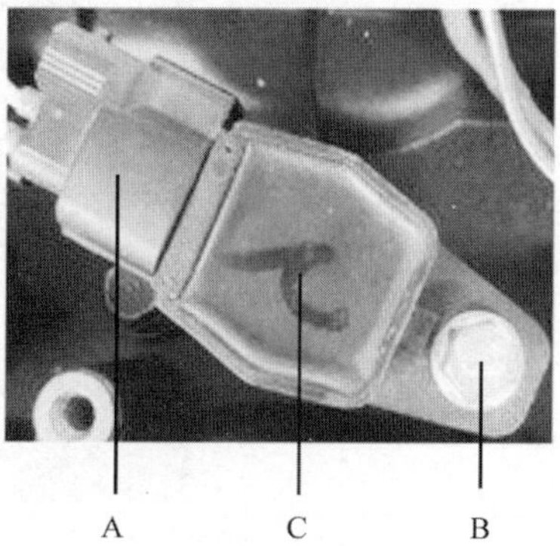 A C B

续表

拆卸步骤	操作要求	操作示范
拆卸火花塞	选取合适的 火花塞套筒 等工具，火花塞套筒一般分为 16 mm和 21 mm两种，根据实际火花塞上六方结构的大小进行选择	
防护	如右图所示做好防护，防止异物落入 气缸内	

8. 火花塞的检查

火花塞的检查包括三看，即一看 颜色 ，二看 间隙 ，三看火花塞陶瓷绝缘体与壳体的缝隙是否漏气，如图 3-2-7 所示。一般火花塞的间隙为 0.9～1.1 mm，多采用 火花塞专用塞规 进行检测。火花塞的颜色是指火花塞电极处的颜色，若火花塞颜色太黑，说明火花塞温度太低或混合气太浓；若火花塞颜色太白，说明火花塞温度过高或混合气太稀。火花塞正常的颜色应为 红褐色 。

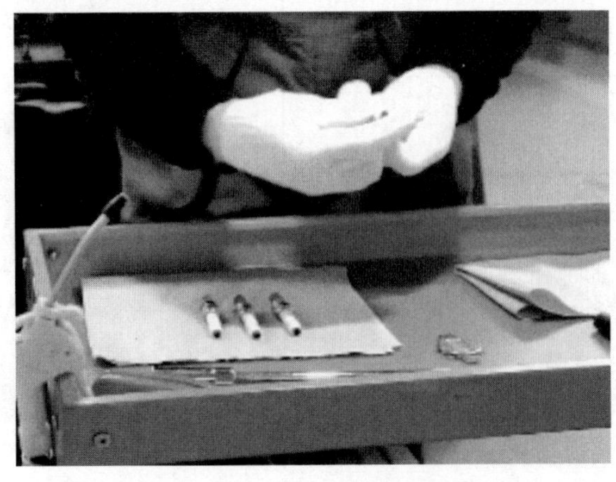

图 3-2-7 火花塞的检查

9. 火花塞的安装

在安装火花塞时，应使用＿扭力扳手＿将火花塞拧紧到规定力矩，火花塞螺纹直径不同，所需力矩有所不同。查阅维修手册，找出规定的火花塞拧紧力矩，若无维修手册，可参照表 3–2–2 推荐的拧紧力矩进行安装。

表 3–2–2　　火花塞拧紧力矩

火花塞形式：平座（带垫圈）、锥座（不带垫圈）	火花塞拧紧力矩 /N · m	
	铸铁气缸盖	铝气缸盖
10 mm 平座火花塞	10 ~ 15	10 ~ 15
12 mm 平座火花塞	15 ~ 25	15 ~ 26
14 mm 平座火花塞	20 ~ 40	20 ~ 30
14 mm 锥座火花塞	10 ~ 20	10 ~ 20
18 mm 平座火花塞	35 ~ 45	30 ~ 40
18 mm 锥座火花塞	20 ~ 30	20 ~ 30

二、多楔带的检查与更换

1. 多楔带的检查

多楔带的检查见表 3–2–3。

表 3–2–3　　多楔带的检查

检查项目	检查规范和检查记录	检查示范
多楔带外观的检查	检查多楔带是否有＿开裂＿、＿软化＿、侧面磨亮、表层剥落、起层、拉长、严重磨损、表面被油污染等现象；如有，应立即更换 检查记录：根据实际情况填写	

续表

检查项目	检查规范和检查记录	检查示范
多楔带张紧度的检查	先检查多楔带的张力，可以用手指强力地按压两个带轮中间的传动带，按压力约为 100 N。如果传动带的压下量在 10 mm 左右，则认为传动带张力恰好合适；如果压下量过大，则认为传动带的张力 不足 ；如果传动带几乎不出现压下量，则认为传动带的张力 过大 。或者用手翻转传动带，一般以 90° 为宜。张力不足时，传动带很容易打滑；张力过大时，很容易损伤发电机和空调压缩机的轴承。为此，应该把相关的调整螺母或螺栓拧松，把传动带的张力调整到最佳状态	

2. 多楔带的拆卸

（1）拆下张紧装置盖罩

在拆卸多楔带前，用粉笔或记号笔标记其 运转方向 ，以便于重新安装。使用一字旋具撬下张紧装置盖罩，如图 3-2-8 中箭头所指位置。

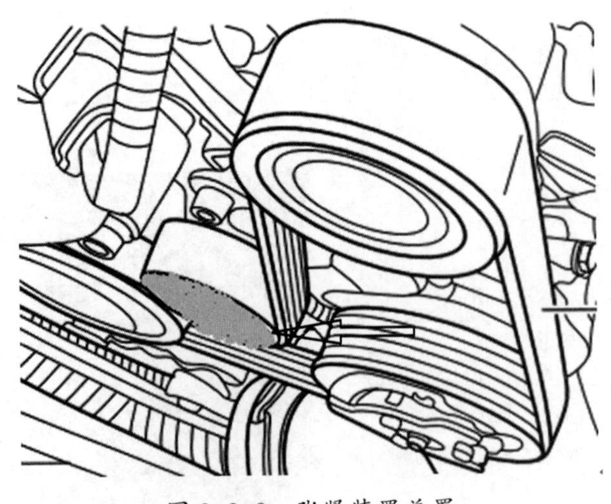

图 3-2-8 张紧装置盖罩

（2）拆下多楔带

按图 3-2-9 所示，沿 逆时针 方向拧动张紧器，插入专用工具 T10060A ，取下多楔带。

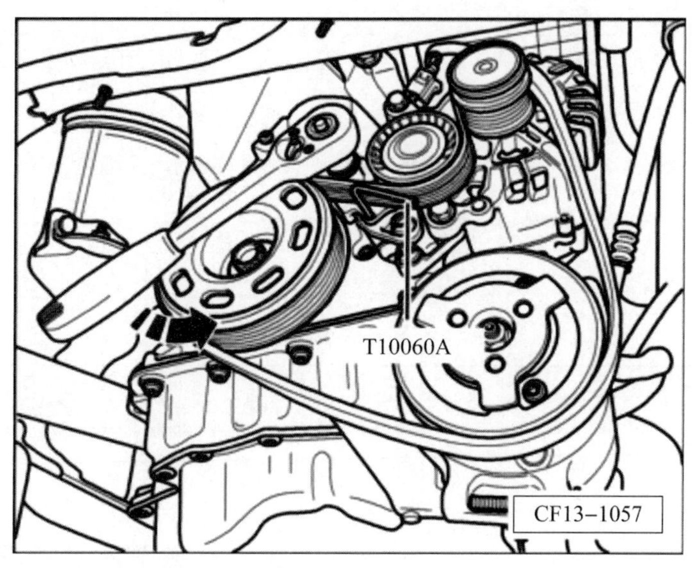

图 3-2-9　张紧器

3. 多楔带的安装

采用与拆卸＿相反的顺序＿安装多楔带。先将多楔带安装到＿曲轴带轮＿、空调压缩机带轮、＿发电机带轮＿上，沿＿逆时针＿方向拧动张紧器，然后拔下专用工具，检查多楔带位置是否正确，如图 3-2-10 所示。起动发动机并检查多楔带运转是否正确。

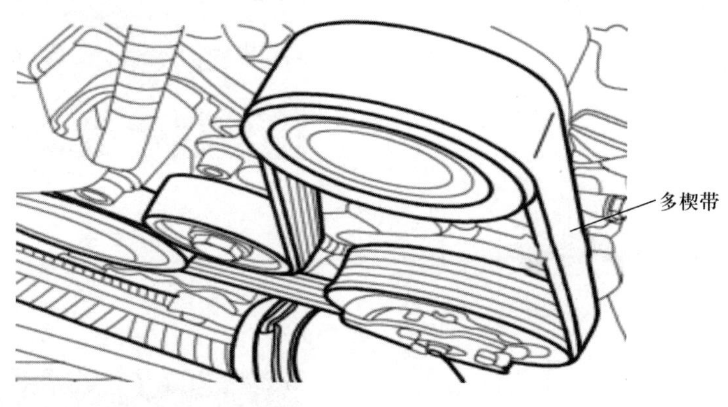

图 3-2-10　多楔带位置

三、冷却液的更换

1. 冷却液的选择

（1）冷却液及其添加剂均为有毒物质，切勿直接接触皮肤，并将其置于安全场所。一般要求发动机冷却液具有醒目的颜色，这样有助于判断发动机冷却液渗漏的位置，同时起警示作用，防止误接触。

（2）不同型号的冷却液＿不能＿混合使用，以免引起化学反应，生成沉淀物或产生气泡，降低使用效果。在更换冷却液时，应先将冷却系统用＿纯净水＿冲洗干净，然后再加入新的冷却液。

（3）放出的冷却液不宜再使用，应严格按有关规定处理废弃的冷却液。

（4）一般选用冷却液的冰点应比当地最低气温低 10 ~ 15 ℃，以防冷却液失效。

（5）当冷却液缺少时应补充 同型号新冷却液 。

（6）凡更换气缸盖、气缸垫、散热器时，必须按照 维修手册 选择冰点合适的冷却液。

2. 冷却液的更换步骤和操作要求

冷却液的更换步骤和操作要求见表 3–2–4。

表 3–2–4　冷却液的更换步骤和操作要求

更换步骤	操作要求	操作示范
打开 冷却液储液罐 的密封盖	若发动机在 正常工作温度 时，用抹布盖住冷却液储液罐的密封盖并将其小心打开，如右图所示，以卸除 过高的压力 。注意：热蒸气和高温冷却液可能造成烫伤	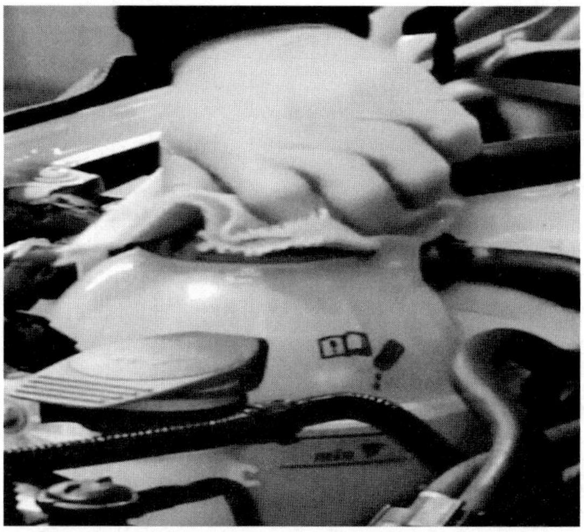
放置 冷却液 收集盘	拆卸发动机隔音垫，在下方放置冷却液收集盘	

续表

更换步骤	操作要求	操作示范
拔下散热器口 冷却液温度传感器 插头	防止冷却液排放过程中洒落到线束上	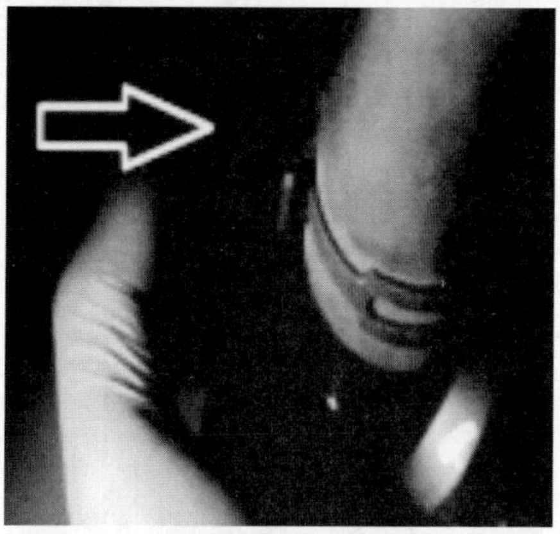
排放	松开冷却液软管固定卡子，并将冷却液软管接头从散热器上拔下，排放冷却液。排放完毕，将冷却液软管安装到散热器上，装好固定卡子，连接好线束	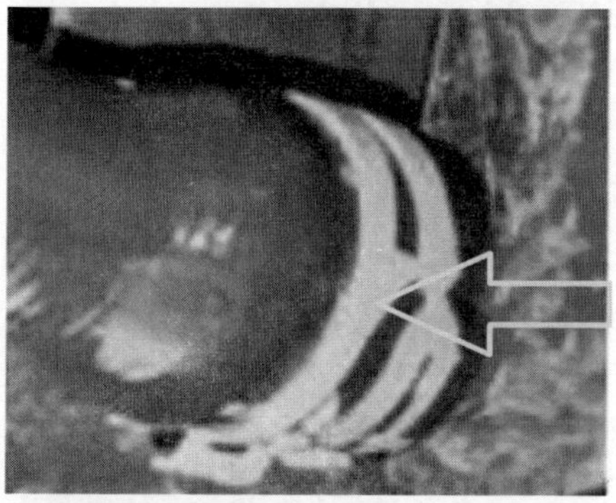 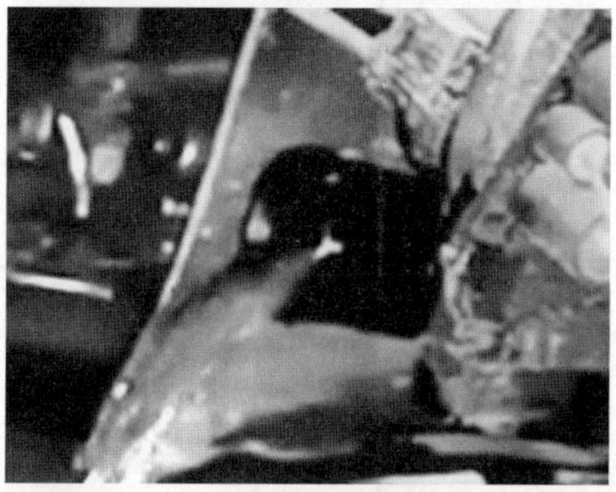
加注	加注冷却液，直至液位达到 MAX 刻线处	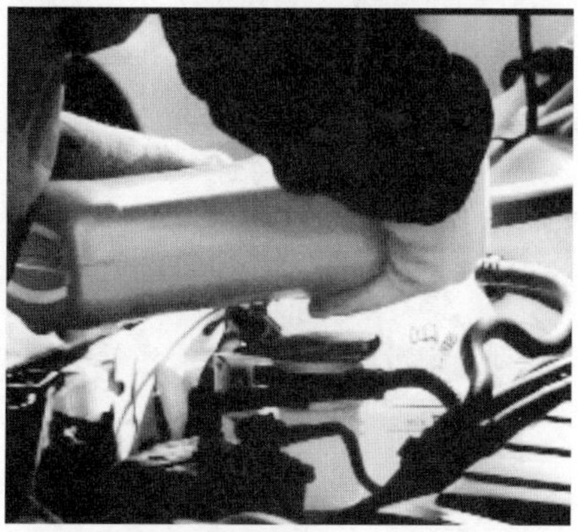

续表

更换步骤	操作要求	操作示范
检查有无__渗漏__	起动发动机，以 1 500 ~ 2 800 r/min 的转速交替运行，如右图所示，直至起动__散热器风扇__。检查其有无渗漏	
检查__液位__	发动机处于正常工作温度时，冷却液液位必须比最高标记处高__5__mm。在发动机处于冷态时，冷却液液位必须处于__MIN__和__MAX__刻线间	 

四、燃油滤清器的更换

1. 燃油滤清器的作用

查阅资料，写出汽车燃油滤清器的作用。

汽车燃油滤清器的作用是滤除发动机燃油系统中的有害颗粒和水分，减少油泵和喷油器等部件的故障。

2. 燃油滤清器的安装位置

按照安装位置不同，汽车燃油滤清器可分为内置式和____外置式____（见图 3–2–11）两种。

内置式燃油滤清器一般与____汽油泵____在一起，安装在油箱内，其更换比较麻烦且成本也较高。外置式燃油滤清器一般安装在油箱出口处的____汽油管路____上面，更换比较方便。

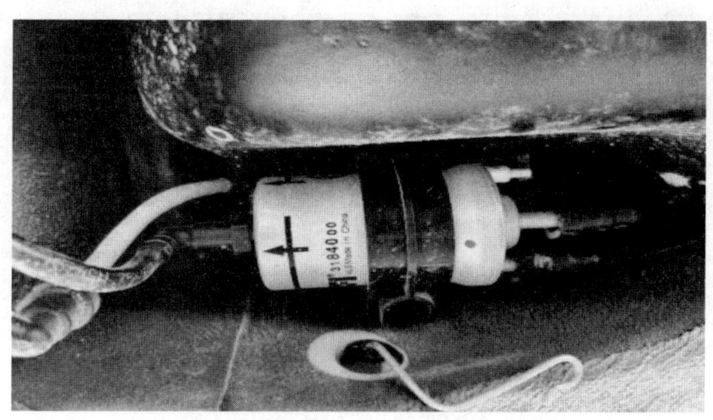

图 3–2–11 燃油滤清器的安装位置

3. 燃油滤清器的结构特点

燃油滤清器与机油滤清器的结构相似，普遍采用微孔____纸质____滤芯，经酚醛树脂处理，制成折叠筒式，具有通过性能____好____、滤清效率____高____、结构____简单____、成本____低____、保养容易等优点。

4. 燃油滤清器的检查与更换

查阅维修手册，在表 3–2–5 中填写拆装汽车燃油滤清器所需的工具名称。

表 3–2–5 拆装燃油滤清器所需主要工具

工具名称	工具图片
棘轮扳手	
两用扳手	
预置式扭力扳手	

（1）拆卸燃油滤清器

1）燃油系统卸压。拆卸燃油管或更换燃油滤清器、电动燃油泵和喷油器等部件前，应先 释放 燃油管道内的 油压 ，以免松开油管接头时大量燃油高速喷出，造成人身伤害或火灾。在实际操作中，先在中央接线盒上 取下 燃油泵熔丝，使燃油泵不再工作，如图 3–2–12 所示。

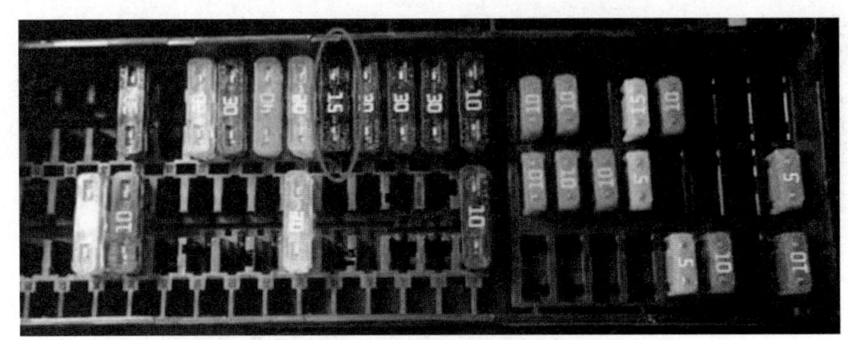

图 3–2–12 中央接线盒

2）释放燃料供给系统中的燃油压力。确认驻车制动器操纵杆已拉紧，变速器位于 空 挡，打开点火开关并起动发动机。待发动机自动熄火后，再次 起动 发动机，使曲轴运转 5 s 左右，如图 3–2–13 所示。

图 3–2–13 起动发动机

3）整车断电。使用 10 mm 两用扳手拆下蓄电池的 负极 导线并使其可靠离开负极柱，如图 3–2–14 所示。

4）举升车辆。缓慢举升车辆，当车辆离开地面时，停止举升，检查车辆是否保持 水平 ，无误后再继续将其举升至高位，如图 3–2–15 所示。

5）拆卸燃油管。在车辆下方寻找，燃油滤清器安装在油箱出口处的燃油管路上。结合燃油滤清器上的箭头（燃油流动方向），确定三根燃油管分别为 进油管 、 出油管 和 回油管 ，分别将其拆下，如图 3–2–16 所示。

图 3-2-14　拆卸蓄电池负极导线

图 3-2-15　举升车辆

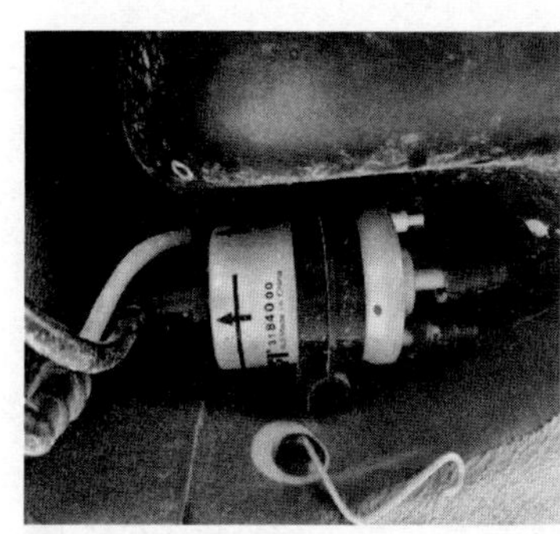

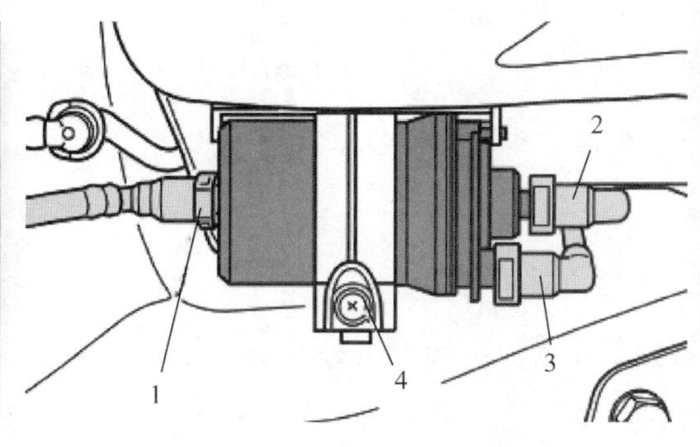

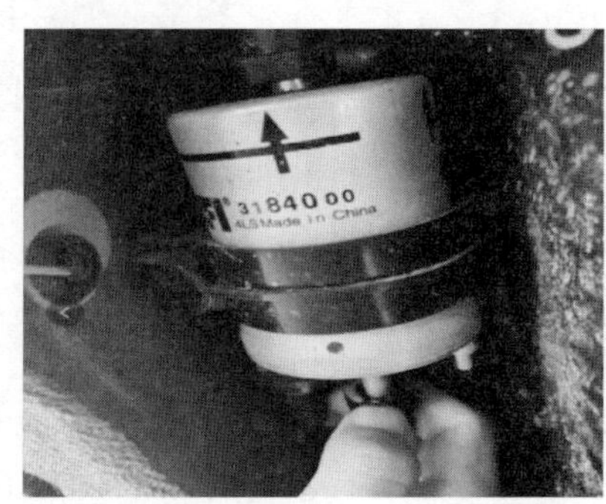

图 3-2-16　拆卸燃油管

1—出油管　2—回油管　3—进油管　4—螺栓

6）拆卸燃油滤清器。松开燃油管路，拆下燃油滤清器支架上的______螺栓 4______，取下燃油滤清器，如图 3–2–17 所示。

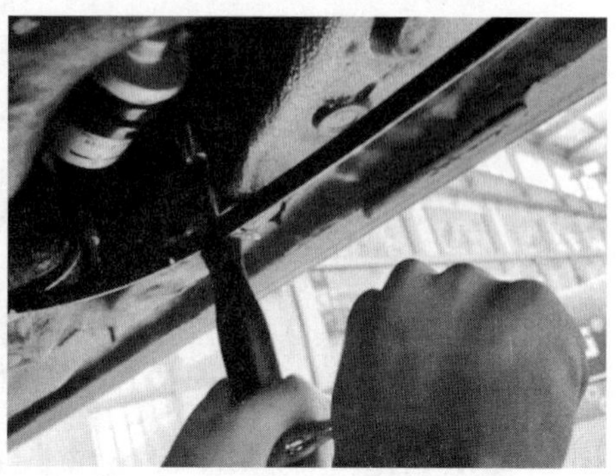

图 3–2–17　拆卸燃油滤清器

（2）安装燃油滤清器

1）安装新的燃油滤清器。首先确认新的燃油滤清器的进油口和出油口，结合燃油滤清器上的箭头分别安装与之对应的___油管___，并用棉纱擦净油管接头处的油渍。其次，安装燃油滤清器时其壳体上的销钉___2___必须嵌入燃油滤清器支架上导向件的开口___1___中。最后，拧紧燃油滤清器支架的螺栓，拧紧力矩为___1.5___ N · m，如图 3–2–18 所示。

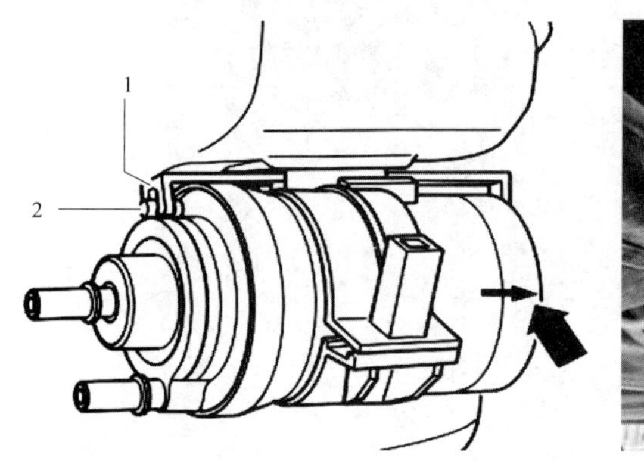

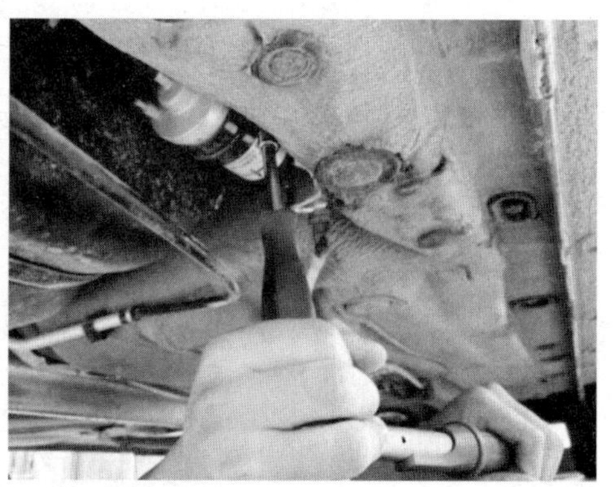

图 3–2–18　安装燃油滤清器

1—导向件的开口　2—销钉

2）车辆回位。确保举升机周围无障碍物后将车辆缓慢降落至地面，如图 3–2–19 所示。

3）安装燃油泵熔丝。将______燃油泵熔丝______安装在中央接线盒相应的位置上。

4）安装蓄电池负极电缆。将蓄电池的负极柱、负极接线头内孔等处的污物或腐蚀物等擦拭干净，将负极接线头套在蓄电池的___负极___柱上并紧固好。

5）恢复燃油系统压力。进入驾驶室，确认驻车制动器操纵杆已拉紧，变速器置于___空___挡。打开点火开关拨至“ON”挡，2 ~ 3 s 后，拨至“OFF”挡。如此重复 3 ~ 5 次，然后起动发动机，加速及减速操作 2 ~ 3 min，关闭点火开关。注意事项：连续起动发动机应间隔___15___ s 以上。

（3）检查燃油滤清器

起动发动机，检查燃油滤清器___接头处___是否有渗漏情况，如图 3–2–20 所示。

图 3-2-19　降下车辆

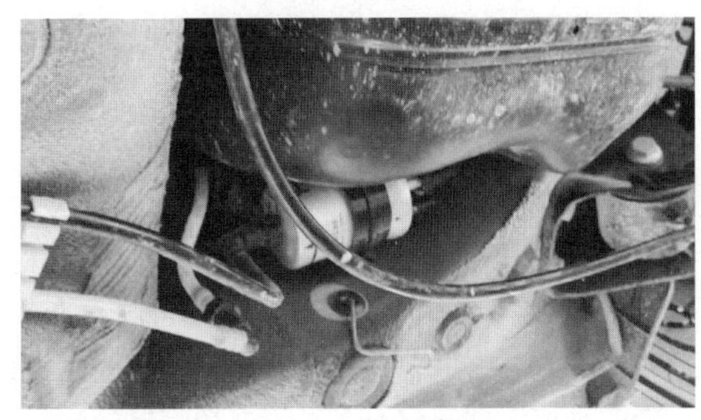

图 3-2-20　燃油滤清器的检查

五、制动液的更换

1. 制动液的作用

查阅资料，写出制动液的作用。

制动液是液压制动系统中传递制动压力的液态介质，是制动系统不可缺少的部分。

2. 制动液的分类

按配制的原料不同，目前制动液大体上分为__醇型__、__矿物油型__和__合成型__三种。

3. 制动液的性能要求

（1）根据美国交通运输部的规定，制动液分为__DOT3__（醇醚型）、DOT4/超级 DOT4（酯型）、__DOT5__（硅酮型）和__DOT5.1__（硼酸酯型）四类，常见的类型是__DOT3__和__DOT4__，它们通常为无色或淡琥珀色，可吸收水分。不同之处主要在于__沸点__不同，__DOT4__比 DOT3 更耐高温，车辆可以更频繁地制动。DOT5 呈__紫色__，是用硅酮基材料制造的。__DOT5__多用于赛车。DOT5 不易吸水，与 DOT3 和 DOT4 不相溶。

按照国家标准《机动车辆制动液》GB 12981—2012），我国将制动液分为__HZY3__、__HZY4__、__HZY5__、__HZY6__四种级别，分别对应国际标准 ISO 4925：2005 中 Class3、Class4、Class5.1、Class6，其中 HZY3、HZY4、HZY5 分别与美国交通运输部制动液类型的 DOT3、DOT4、DOT5.1 相对应。制动液级别__越高__，安全保障性越好。一般情况下，微型和中、低档车适宜选取符合__HZY3__标准的制动液，而中、高档车建议选择符合__HZY4__标准的制动液。

（2）在下列选项中选取制动液不能经常开盖检查的原因。（单选）

☐为不可拆卸件　☐防尘　☑防吸水　☐防空气

（3）查阅维修手册，为本车辆选择合适的制动液。

采用型号为__DOT4__的符合大众公司标准的原厂制动液。

4. 制动液的特点

（1）对制动系统零件无__腐蚀__作用。

（2）物理、化学性质不得因长期存放或受冷、受热而 改变 。

（3）沸点 高 （约 260 ℃）。

（4）凝点 低 （在极低温度下仍保持液态）。

（5）有 润滑 作用（能减少活塞与橡胶件的磨损）。

（6）能吸收系统中积存的少量 水分 。

5. 制动液的更换流程

查阅维修手册，在表 3-2-6 中填写更换制动液所需的工具名称。

表 3-2-6　　更换制动液所需的工具名称

工具名称	工具图片	工具名称	工具图片
气动式制动液吸取机		两用扳手	
接杆		套筒	

（1）旋出制动液储液罐密封盖

戴好护目镜，逆时针旋出制动液储液罐密封盖，防止制动液溅入眼中，如图 3-2-21 所示。

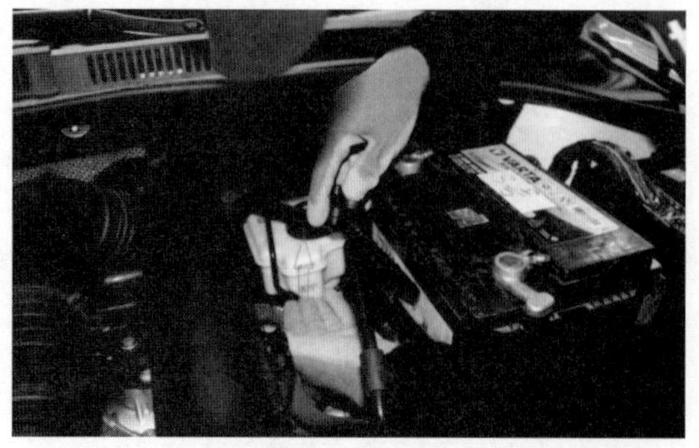

图 3-2-21　旋出制动液储液罐密封盖

（2）放出旧制动液

1）从制动液储液罐吸出制动液。如图 3–2–22 所示，用<u>　　　气动式制动液吸取机　　　</u>从制动液储液罐中吸出尽可能多的制动液。提示：不得拆除制动液储液罐上的<u>　滤网　</u>。注意：吸出的制动液不得再用。

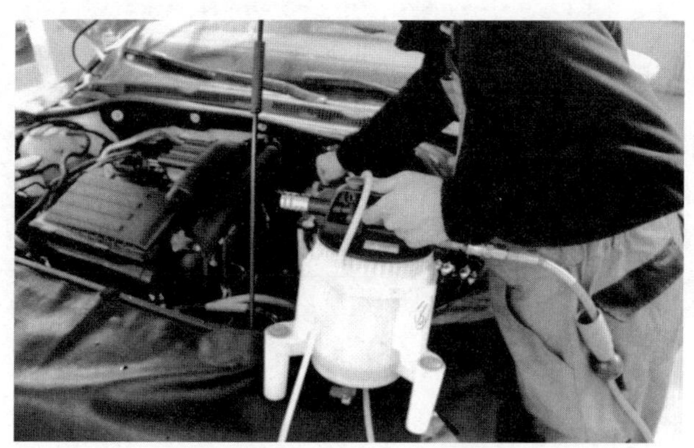

图 3–2–22　吸出制动液

2）在四个车轮上做上<u>　标记　</u>，并取下车轮螺栓防尘罩，如图 3–2–23 所示。

图 3–2–23　取下车轮螺栓防尘罩

3）用扭力扳手按<u>　对角　</u>的顺序拧松车轮螺栓，如图 3–2–24 所示。

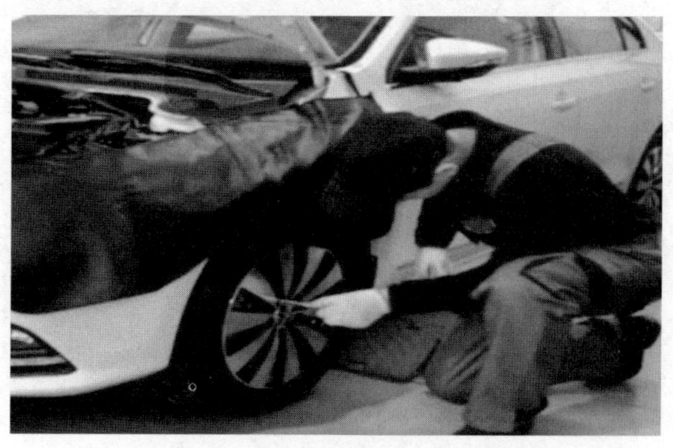

图 3–2–24　拧松车轮螺栓

4）举升车辆到合适的高度，并检查<u>　锁止　</u>安全，如图 3-2-25 所示。

图 3-2-25　举升车辆

5）拆卸<u>　4　</u>个车轮，如图 3-2-26 所示。

图 3-2-26　拆卸车轮

6）拔下制动钳上的排气阀<u>　盖罩　</u>，如图 3-2-27 所示。

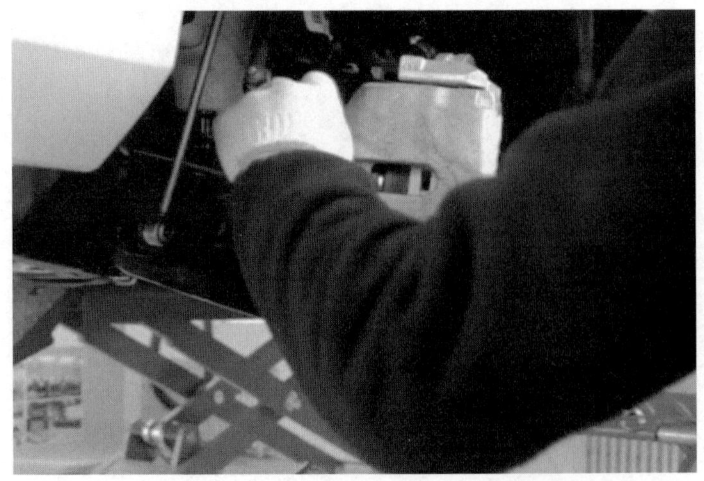

图 3-2-27　拔下排气阀盖罩

7）安装相应的制动器排气装置扳手，将气动式制动液吸取机排气软管插到排气阀上，打开<u>　排气阀　</u>，吸出制动液，如图 3–2–28 所示。

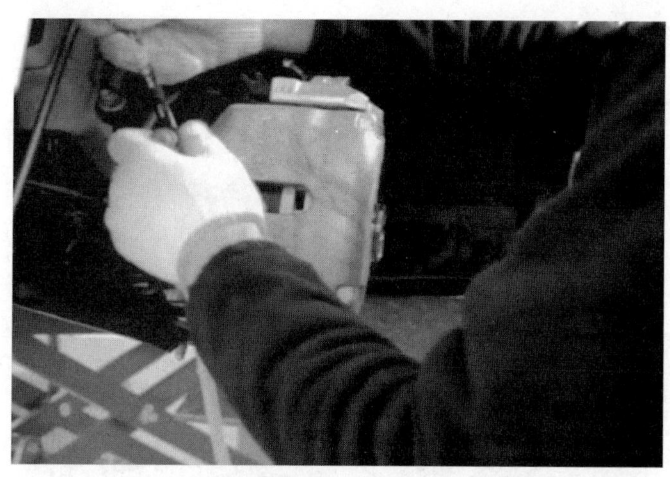

图 3–2–28　打开排气阀

8）关闭<u>　排气阀　</u>，拔下<u>　排气软管　</u>，盖上排气阀<u>　盖罩　</u>，如图 3–2–29 所示。

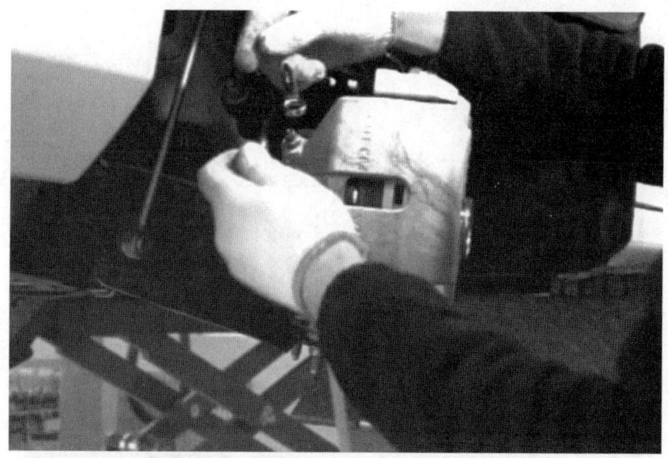

图 3–2–29　盖上排气阀盖罩

9）从其他三个排气阀吸出制动液，如图 3–2–30 所示。

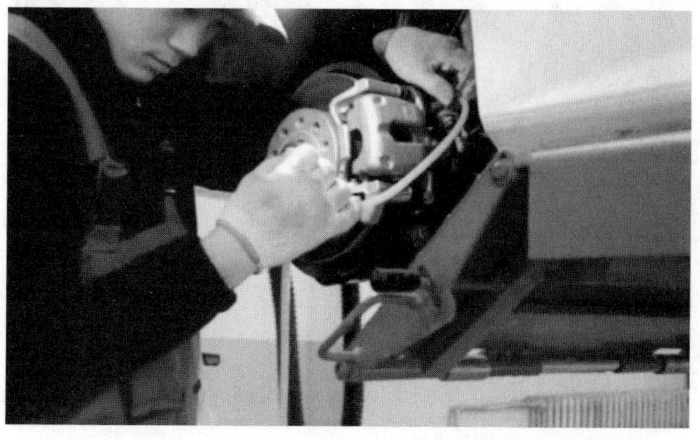

图 3–2–30　吸出制动液

10）将车辆降落至地面。

（3）添加制动液

按要求加注合适的制动液，如图 3-2-31 所示。

图 3-2-31　加注制动液

（4）排放液压管路内的空气

1）将车辆举升到合适高度，按__右后__、__左后__、__右前__、__左前__的顺序从制动液排气阀排放液压管路内的气体。

2）连续踩制动踏板__3～5__次后踩住不松开，__旋松__排气阀排出制动系统内的气体，然后__拧紧__排气阀。重复以上步骤，直至排尽制动管路中的气体为止，如图 3-2-32 所示。

图 3-2-32　排放液压管路内的气体

（5）检查制动液储液罐的液位和制动性能

1）排气完成后，补充制动液液位至__MAX__与__MIN__刻线间，拧上制动液储液罐密封盖。

2）试车期间进行功能检测。

3）装复轮胎。按照规定力矩用__扭力扳手__拧紧车轮螺栓，拧紧力矩为__120__N · m，如图 3-2-33 所示。

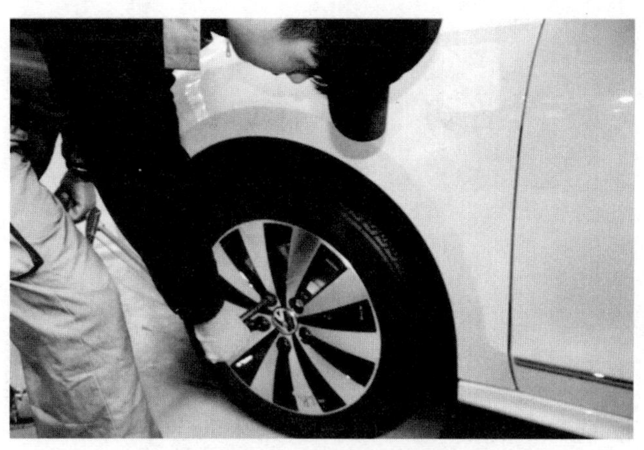

图 3-2-33　按规定力矩拧紧车轮螺栓

六、学习过程评价

学习过程评价见表 3-2-7。

表 3-2-7　　学习过程评价表

<table>
<tr><td>班级</td><td></td><td>姓名</td><td></td><td>学号</td><td></td><td>日期</td><td>年　月　日</td></tr>
<tr><td>序号</td><td colspan="4">评价要点</td><td>配分</td><td>得分</td><td>总评</td></tr>
<tr><td>1</td><td colspan="4">能正确识读及填写工作页，明确学习活动要求</td><td>5</td><td></td><td rowspan="12">A□（86 ~ 100）
B□（76 ~ 85）
C□（60 ~ 75）
D□（60 以下）</td></tr>
<tr><td>2</td><td colspan="4">能查阅资料，写出火花塞的作用、结构、间隙、类型、故障现象，并能更换火花塞</td><td>10</td><td></td></tr>
<tr><td>3</td><td colspan="4">能更换多楔带</td><td>10</td><td></td></tr>
<tr><td>4</td><td colspan="4">能正确选择及更换冷却液</td><td>10</td><td></td></tr>
<tr><td>5</td><td colspan="4">能查阅资料，写出燃油滤清器的作用及安装位置</td><td>5</td><td></td></tr>
<tr><td>6</td><td colspan="4">能查阅资料，写出燃油滤清器与制动液的特点</td><td>5</td><td></td></tr>
<tr><td>7</td><td colspan="4">能查阅资料，完成燃油滤清器与制动液更换步骤的填写</td><td>10</td><td></td></tr>
<tr><td>8</td><td colspan="4">能查阅维修手册，完成燃油滤清器与制动液的更换</td><td>15</td><td></td></tr>
<tr><td>9</td><td colspan="4">能遵守劳动纪律，以积极的态度接受工作任务</td><td>10</td><td></td></tr>
<tr><td>10</td><td colspan="4">能积极参与小组讨论，发挥团队合作精神</td><td>10</td><td></td></tr>
<tr><td>11</td><td colspan="4">能及时完成教师布置的任务</td><td>10</td><td></td></tr>
<tr><td colspan="5">总　分</td><td>100</td><td></td></tr>
<tr><td>小结
建议</td><td colspan="7"></td></tr>
</table>

学习活动3　工作总结与评价

学习目标

1. 能正确完成车辆 40 000 km 新增维护项目。
2. 能以小组形式，对学习过程和成果进行总结性汇报。
3. 能完成对学习过程的综合评价。

建议学时　2学时

学习过程

一、工作总结

在世界技能大赛中，要求选手具有一定的组织规划、沟通、创新等能力，这在实际的生产工作中是十分必要的。以小组为单位，选择演示文稿、展板、海报、录像等形式中的一种或几种，向全班展示及汇报学习成果。

二、综合评价

针对本学习任务的学习情况，根据表 3–3–1 所列综合评价标准进行评分。

表 3–3–1　综合评价标准

评价项目	评价内容及标准	配分	评分		
			自我评价	小组评价	教师评价
			10%	30%	60%
组织和管理	团队合作，合理计划，高效管理时间	3			
	及时检查练习进展和效果	3			
	保证高质量完成练习	4			
沟通能力	在模拟练习中准确理解客户需求	10			
	在模拟练习中准确回答客户疑问	10			
计划创新能力	及时处理练习中遇到的问题	10			
	提出创新性、可行性建议，提高学习效率	10			

续表

评价项目	评价内容及标准	配分	评分		
			自我评价	小组评价	教师评价
			10%	30%	60%
专业知识	掌握火花塞的作用、结构、间隙、类型、故障现象等知识	4			
	掌握正确选择冷却液的知识	2			
	掌握燃油滤清器的作用、安装位置、结构特点等知识	2			
	掌握制动液的作用、类型、特点等知识	2			
实践能力	具备更换火花塞的技能	8			
	具备更换多楔带的技能	8			
	具备更换冷却液的技能	8			
	具备更换燃油滤清器的技能	8			
	具备更换制动液的技能	8			
学生姓名		综合评价得分			
指导教师		日期			

三、学习任务三整体评价

学习任务三整体评价见表 3-3-2。

表 3-3-2 学习任务三整体评价表

项目	自我评价			小组评价			教师评价		
	10 ~ 9	8 ~ 6	5 ~ 1	10 ~ 9	8 ~ 6	5 ~ 1	10 ~ 9	8 ~ 6	5 ~ 1
	占总评 10%			占总评 30%			占总评 60%		
学习活动 1									
学习活动 2									
协作精神									
纪律观念									
表达能力									
工作态度									
任务总体表现									
小计									
总评									

世赛知识

世界技能大赛中国组委会介绍

我国加入世界技能组织后，为了做好我国参加世界技能大赛的组织管理工作，人力资源和社会保障部制定了《世界技能大赛参赛管理暂行办法》，设立了世界技能大赛中国组委会，对参赛工作进行指导。

世界技能大赛中国组委会主任由人力资源和社会保障部副部长兼任，副主任由人力资源和社会保障部职业能力建设司、国际合作司主要负责同志兼任。组委会成员由财政部社会保障司，人力资源和社会保障部办公厅、规划财务司、职业能力建设司、国际合作司、人事司、宣传中心、中国就业培训技术指导中心、国际交流服务中心、中国职工教育和职业培训协会、中国人力资源和社会保障出版集团负责同志担任。世界技能大赛中国组委会设秘书处、对外工作组、技术支持组、保障服务组、新闻宣传组。

世界技能大赛中国组委会依托天津职业技术师范大学世界技能大赛中国研究中心开展技术理论研究和技术服务工作。正是因为我国在世界技能大赛组织管理工作方面做了如此精心的规划，所以，我国首次参加世界技能大赛，也就是 2011 年在英国伦敦举办的第 41 届世界技能大赛，就实现了奖牌零的突破。2015 年在巴西圣保罗举办的第 43 届世界技能大赛上，我国代表团更是以精湛的技艺和出色的发挥实现了金牌零的突破，获得 5 金 6 银 4 铜和 11 个优胜奖的优异成绩。2017 年，在阿联酋阿布扎比举办的第 44 届世界技能大赛上，我国在竞赛成绩上再次取得优异成绩，获得 15 金 7 银 8 铜和 12 个优胜奖。2019 年，在俄罗斯喀山举办的第 45 届世界技能大赛上，又一次取得突破，取得了 16 金 14 银 5 铜和 17 个优胜奖的历史最好成绩。中国上海还获得第 46 届世界技能大赛举办权。

学习任务四　汽车季节性维护

学习目标

1. 能查阅维修手册，对相应的季节性维护项目进行描述并制定作业流程。
2. 能描述工具、量具、仪器和设备的名称、种类、用途及其使用方法，并能正确使用。
3. 能按照汽车维修技术资料对季节性维护中检查、调整、维修的内容进行标准化作业。
4. 能正确处理维护后的废液和其他物质，执行工作场所的“6S”管理要求。
5. 能描述车辆交付条件与注意事项，并按规定交付车辆。
6. 根据工作需要，能与客户和同事进行有效沟通及工作配合。

建议学时

30 学时

工作情境描述

某客户的新速腾轿车已行驶 24 000 km，按照计划到店进行常规维护。时逢夏季（冬季），维修人员针对季节性维护特点进行了更加深入的检查，检查过程中发现问题与故障，并有针对性地进行维修和调整作业。

工作流程与活动

学习活动 1　夏季车况特点与维护（16 学时）

学习活动 2　冬季车况特点与维护（12 学时）

学习活动 3　工作总结与评价（2 学时）

思维导图

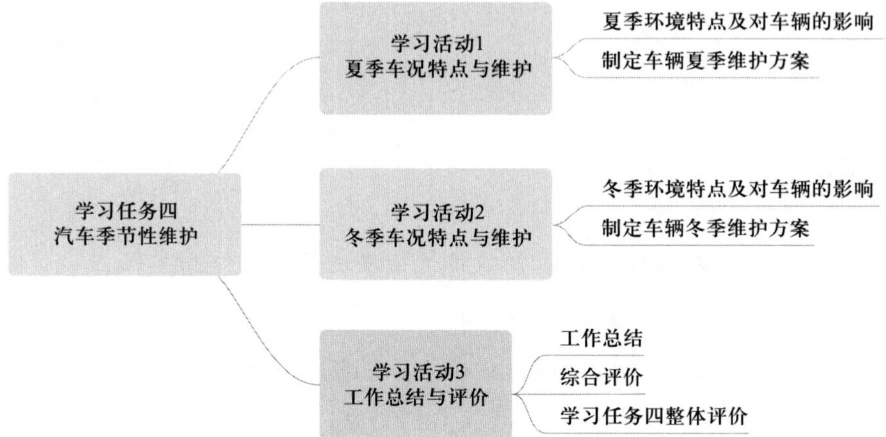
学习任务四
汽车季节性维护
学习活动1
夏季车况特点与维护
夏季环境特点及对车辆的影响
制定车辆夏季维护方案
学习活动2
冬季车况特点与维护
冬季环境特点及对车辆的影响
制定车辆冬季维护方案
学习活动3
工作总结与评价
工作总结
综合评价
学习任务四整体评价

学习活动 1　夏季车况特点与维护

学习目标

1. 能根据夏季车辆的使用特点制定夏季维护方案。
2. 能识读与填写维护工单。
3. 能正确进行车辆夏季保养相关作业。
4. 能在学习和工作过程中与他人进行有效沟通和配合。

建议学时　16 学时

学习过程

一、夏季环境特点及对车辆的影响

1. 受夏季气候影响，车辆通常在（☑高温　□低温）、（□干燥　☑潮湿）的环境下运行。
2. 雨水和长期的太阳暴晒会造成车辆外部橡胶件__硬化、开裂__等现象。
3. 车辆外部橡胶件的作用通常是__密封__。

请检查实训车辆外部橡胶件，在表 4-1-1 中填写其状态及出现异常情况的解决方案。

表 4-1-1　车辆外部橡胶件的检查

橡胶件检查		橡胶件状态	解决方案
名称	位置		
车窗密封条	各车窗边缘处	□正常　□异常	□维修　□更换
车门密封条	各车门边缘处	□正常　□异常	□维修　□更换
刮水器	前风窗玻璃处	□正常　□异常	□维修　□更换
轮胎	车辆下部	□正常　□异常	□维修　□更换

4. 刮水器的刮片是否会受季节变化的影响？如果是，会产生什么不良现象？

是。受季节（温度）变化和外部环境变化影响，橡胶件通常会产生变形、裂纹等现象，影响刮水效果，最终可能影响驾驶员视线。

5. 玻璃清洗液的选择

玻璃清洗液的成分主要是＿去污剂＿和＿防冻剂＿，其作用为＿去污、防冻、抗静电、防腐蚀＿。

6. 空调制冷剂的选择

（1）空调制冷剂是汽车空调制冷系统的工作介质，利用制冷剂的相变来传递热量，即制冷剂在蒸发器中汽化时＿吸热＿，在冷凝器中凝结时＿放热＿。目前燃油车辆最常用的制冷剂为＿R134a＿。

（2）汽车空调系统加注制冷剂通常与＿冷冻机油＿配合使用，冷冻机油的配比量通常在＿维修手册＿中查取。

7. 查阅资料，结合本车辆夏季维护的内容，在表 4–1–2 中补全空调制冷系统检漏、制冷剂加注及回收作业流程中所缺内容。

表 4–1–2　空调制冷系统检漏、制冷剂加注及回收作业流程

序号	操作项目	操作步骤	问题及提示
1	作业前准备	安装座椅套、转向盘套、纸脚垫、翼子板布、前遮盖布、车轮挡块和排烟管，检查制冷剂回收加注机（AC350C）的锁定情况	（1）进行本项目操作前，驻车制动器操纵杆应处于＿拉起＿状态 （2）发现异常情况需进行维修及调整时，应确保车辆处于＿非起动＿状态 （3）检查机油液位的方法和标准如下：拔出机油尺，用抹布擦净后放回并再次拔出，机油痕迹应介于机油尺 MAX 和 MIN 刻线＿中间＿或＿中间偏上＿位置
		检查电源电缆和接地电缆连接状况	
		用万用表测量蓄电池电压	
		检查冷却液液位	
		检查机油液位	
		检查制动液液位	
2	车辆初始运转检查	起动发动机，观察运转状况	观察发动机运转过程中的状况，借助＿故障诊断仪＿判断空调系统是否存在故障
		检查各仪表运转状况	
		检查空调操作面板状况	
		检查冷却风扇状况	
		检查鼓风机各挡位运转情况	
		检查各出风口情况	
		连接故障诊断仪进行故障码的检测	

续表

序号	操作项目	操作步骤	问题及提示
3	制冷剂类型鉴别和纯度检测	关闭发动机	（1）使用<u>制冷剂鉴别仪</u>进行检测 （2）海拔高度按<u>当地</u>实际值设定 （3）连接管路前检查接头开关是否处于关闭状态 （4）正确压力为<u>5～25</u> psi（1 psi=6.895 kPa） （5）按要求完成所有环节，记录完整的检测数据和结果 （6）判断制冷剂类型是否可回收（单一制冷剂可回收，两种或两种以上制冷剂不能回收） （7）制冷剂纯度必须大于<u>98</u>%，否则需要进行<u>净化</u>
		在制冷剂鉴别仪上进行海拔高度设定	
		对制冷剂类型进行鉴别	
		判断是否需要回收制冷剂	
		判断制冷剂是否需要进行净化	
4	制冷剂渗漏检查	使用回收/加注机的压力表组进行空调压力检测	（1）空调系统检漏部位包括：制冷剂管路各接头、高压和低压阀口、软管、压缩机泵头，必须在上述部件的下方检查是否有渗漏现象 （2）检漏前各接口位置需要进行<u>清理</u> （3）检漏前必须先确定空调系统中静态制冷剂的压力不低于<u>350</u> kPa （4）检漏每个接头处必须停留<u>5</u> s以上
		使用电子式卤素检漏仪对空调系统进行全面检测，记录漏点	
5	制冷剂回收/加注机的管路连接与空调初始压力检查	连接管路前检查接口和手动阀门处于关闭状态	（1）对管路采取保护措施，避免接触运动部件和高温部件 （2）为了使制冷剂回收更完全，空调必须先运行<u>3～5</u> min后再关闭 （3）要求发动机转速必须为<u>1 500～2 000</u> r/min，运转3～5 min
		起动发动机并运行空调3～5 min	
		检查空调运转时高压、低压压力	
		进行排气作业	
6	制冷剂回收	观察并记录工作罐中的初始制冷剂量	（1）选择回收菜单进行操作 （2）根据制冷剂回收/加注机面板高压表和低压表的指示，判断制冷剂回收是否完成（压力降至 –10 psi，保持1 min视为完全回收） （3）按确认键完成排油过程
		采用双管方式进行制冷剂回收作业	
		回收制冷剂	
		排油	
		正确记录制冷剂回收量和排油量	
		待空调系统压力降至规定数值，并保持1 min	

续表

<table>
<tr><th>序号</th><th>操作项目</th><th>操作步骤</th><th>问题及提示</th></tr>
<tr><td rowspan="2">7</td><td rowspan="2">制冷剂净化</td><td>明确净化标准</td><td rowspan="2"></td></tr>
<tr><td>记录净化方式</td></tr>
<tr><td rowspan="4">8</td><td rowspan="4">初抽真空</td><td>设定正确的抽真空时间</td><td rowspan="4">设定抽真空时间为 30 min。抽完真空后保压 1 min，检漏</td></tr>
<tr><td>通过高压、低压双管方式抽真空</td></tr>
<tr><td>抽真空 30 min</td></tr>
<tr><td>进行保压，记录保压前、后压力值</td></tr>
<tr><td rowspan="3">9</td><td rowspan="3">加注冷冻机油</td><td>记录注油瓶的初始油量</td><td rowspan="3">（1）通过高压管注油，因此要将面板的低压阀关闭
（2）操作制冷剂回收 / 加注机执行注油程序
（3）注油量 = 排油量 + 20 mL</td></tr>
<tr><td>通过高压管单管注油口注油</td></tr>
<tr><td>记录注油瓶的最终油量</td></tr>
<tr><td rowspan="3">10</td><td rowspan="3">再抽真空</td><td>设定正确的抽真空时间</td><td rowspan="3">（1）设定抽真空时间为 5 min
（2）真空数据是指制冷剂回收 / 加注机面板低压表指示的数据
（3）抽真空方式采用低压单管路，以免将刚加注的冷冻机油重新抽回回收 / 加注机</td></tr>
<tr><td>通过低压管路方式抽真空</td></tr>
<tr><td>抽真空 5 min</td></tr>
<tr><td rowspan="6">11</td><td rowspan="6">定量加注制冷剂</td><td>查阅相关维修资料</td><td rowspan="6">（1）加注量参考维修手册、空调保养铭牌或加注机自带的数据库的相关信息
（2）通过单管方式（高压管）加注制冷剂
（3）打开面板的高压阀门，关闭低压阀门
（4）实际加注量应为加注量减去管路清理回收量
（5）根据制冷剂回收 / 加注机的提示信息判断加注是否完成</td></tr>
<tr><td>正确设定加注量</td></tr>
<tr><td>通过高压单管路方式进行制冷剂加注</td></tr>
<tr><td>完成制冷剂加注</td></tr>
<tr><td>记录实际加注量</td></tr>
<tr><td>制冷剂加注完成后，静置 2 min，再起动发动机运转空调系统</td></tr>
<tr><td rowspan="4">12</td><td rowspan="4">清理管路</td><td>关闭制冷剂回收 / 加注机的高压、低压快速接头阀门，拆下高压、低压接头</td><td rowspan="4">（1）通过管路清理的方式，对制冷剂回收 / 加注机管路中的制冷剂进行回收，达到零排放要求
（2）在管路清理前应关闭高压、低压阀门，防止车辆空调管路中的制冷剂被抽回来
（3）当制冷剂回收 / 加注机面板的压力表指示为负压时，视为完成管路清理</td></tr>
<tr><td>完成管路清理</td></tr>
<tr><td>拆卸制冷剂回收 / 加注机的快速接头后进行阀口检漏</td></tr>
<tr><td>拆卸制冷剂回收 / 加注机的快速接头后进行阀口清理</td></tr>
</table>

8. 夏季温度较高，汽车行驶时轮胎易出现温度__升高__、压力__升高__状况。常规对轮胎的检查项目包括以下几点：

（1）轮胎表面是否嵌入金属颗粒。

（2）轮胎表面是否出现__裂纹、明显变形__。

（3）轮胎沟槽（花纹）深度是否内外一致并在规定值之内。

（4）轮胎是否漏气（如气门嘴位置、与钢圈压合位置等）。

（5）对各位置（FL、FR、RL、RR）轮胎气压进行检查（见表 4-1-3），空载轮胎标准气压为__2.3__bar。

表 4-1-3 轮胎气压 bar

FL	FR	RL	RR

将轮胎外观检查结果填入表 4-1-4 中。

表 4-1-4 轮胎外观检查作业表

序号	检查内容	检查结果
1	轮胎表面是否嵌入金属颗粒	
2	轮胎表面是否出现裂纹、明显变形	
3	轮胎沟槽（花纹）深度是否内外一致	
4	轮胎沟槽深度	
5	气门嘴是否漏气	
6	轮胎与钢圈压合处是否漏气	

二、制定车辆夏季维护方案

请各小组学习、思考、讨论并制定针对夏季特点的汽车检查及维护的工作方案（重点为常规项目外的内容），方案要包括任务分工、时间分配、设备和耗材准备，确保在整个任务实施过程中有序开展活动，各组派出代表陈述本组的工作方案。

工作方案：

开放式方案，需包含上述信息要素，以实际设计为准。

三、学习过程评价

学习过程评价见表 4–1–5。

表 4–1–5　　学习过程评价表

<table>
<tr><td>班级</td><td></td><td>姓名</td><td></td><td>学号</td><td></td><td>日期</td><td>年　月　日</td></tr>
<tr><td>序号</td><td colspan="5">评价要点</td><td>配分</td><td>得分</td><td>总评</td></tr>
<tr><td>1</td><td colspan="5">能正确识读及填写工作页，明确学习活动要求</td><td>10</td><td></td><td rowspan="8">A□（86～100）
B□（76～85）
C□（60～75）
D□（60 以下）</td></tr>
<tr><td>2</td><td colspan="5">能查阅资料，写出夏季维护重点项目</td><td>20</td><td></td></tr>
<tr><td>3</td><td colspan="5">能查阅资料，写出空调制冷剂作业项目</td><td>30</td><td></td></tr>
<tr><td>4</td><td colspan="5">能查阅资料，写出轮胎检查要点</td><td>10</td><td></td></tr>
<tr><td>5</td><td colspan="5">能遵守劳动纪律，以积极的态度接受工作任务</td><td>10</td><td></td></tr>
<tr><td>6</td><td colspan="5">能积极参与小组讨论，发挥团队合作精神</td><td>10</td><td></td></tr>
<tr><td>7</td><td colspan="5">能及时完成教师布置的任务</td><td>10</td><td></td></tr>
<tr><td colspan="6">总　分</td><td>100</td><td></td></tr>
<tr><td>小结
建议</td><td colspan="8"></td></tr>
</table>

学习活动 2　冬季车况特点与维护

学习目标

1. 能正确识读维护工单。

2. 能根据冬季车辆的使用特点制定冬季维护方案。

3. 能正确进行车辆冬季检查、维护相关作业。

4. 能在学习和工作过程中与他人进行有效沟通和配合。

建议学时　12 学时

学习过程

一、冬季环境特点及对车辆的影响

1. 冬季车辆经常在＿低温＿条件下运行。

2. 冬季维护和＿夏季＿维护的检查侧重点不同，具体区别见表 4–2–1。

表 4–2–1　　夏季和冬季车辆检查重点对比表

序号	夏季重点检查内容	冬季重点检查内容
1	橡胶件状态	汽车油水状态
2	汽车空调系统运行状态	汽车蓄电池状态
3	汽车轮胎气压	汽车空调暖风状态

3. 冬季用玻璃清洗液与夏季用玻璃清洗液最明显的区别在于＿冰点＿不同，冬季用玻璃清洗液常见的冰点为＿–20＿℃或＿–40＿℃。

4. 由于冬季蓄电池容量降低，应时刻保持蓄电池有＿充足的电量＿。冷发动机起动时应进行＿预热＿，且每次接通起动机的时间应不超过＿15＿s，两次起动应间隔＿2～3＿min。

5. 蓄电池状况的检查

蓄电池状况检查记录见表 4–2–2。

表 4–2–2　蓄电池状况检查记录表

序号	步骤	操作项目	检查结果
1	外观检查	查看蓄电池两侧是否出现明显的变形或鼓包，极柱周围是否有白色或绿色粉末	是□　否□ 情况描述：________
2	观察口检查	免维护蓄电池上通常都会有一个观察口，一般都在蓄电池的正上方，从观察口能看见的颜色分为绿色、黄色和黑色三种。绿色代表电量充足；黄色代表略微亏电；黑色则代表即将报废，需要更换	绿色□　黄色□　黑色□ 结果判定：________
3	检测蓄电池电压	汽车蓄电池的电压一般都在__12__V 左右，车辆发动后会提升到__13～14__V，可以用__万用表__测量蓄电池的电压。如果车辆起动前电压低于 12 V 或者起动后电压低于 13 V，都说明蓄电池的损耗较大	测量电压：______V 蓄电池电压状态： 正常□　异常□
4	测量放电量	放电叉是按__车辆起动__时蓄电池向起动机提供大电流的情况设计及制造的一种__检测仪表__，由电压表和一个__分流电阻__组成。测量时将放电叉两端接在蓄电池正、负极上__10__s 左右的时间，测量__3__次，每次电压表稳定在不低于__9__V 的指示值即为正常	测量值： 第一次______V 第二次______V 第三次______V 结果判定： 正常□　异常□

6. 冬季应注意检查轮胎的压力，因轮胎实际压力会受到气温的影响而变__低__，影响汽车行驶性能。在北方多雪城市，必要时应更换__雪地__轮胎。

7. 因冬季气温较低，若错误加注或使用失效的__玻璃清洗液__、__冷却液__等会导致其结冰，使车辆行驶状况异常，故在冬季检查时须确认车辆玻璃清洗液、冷却液的冰点是否在标准范围内，补全表 4–2–3 的内容。

表 4–2–3　玻璃清洗液、冷却液冰点检查记录表

检查项目	检查过程	测量记录	结果判定
玻璃清洗液冰点	1. 清理多功能液体检测仪并校准 2. 用吸管吸取少量玻璃清洗液、冷却液，并在多功能液体检测仪折光棱镜上滴 2～3 滴 3. 通过目镜调焦并读取冰点数值	本车辆玻璃清洗液的冰点为______℃	正常□　异常□
冷却液冰点		本车辆冷却液的冰点为______℃	正常□　异常□

二、制定车辆冬季维护方案

请各小组学习、思考、讨论并制定针对冬季特点的汽车检查及维护的工作方案（重点为常规项目外的内容），方案要包括任务分工、时间分配、设备及耗材准备，确保在整个任务实施过程中有序开展活动，各组派出代表陈述本组的工作方案。

工作方案：

开放式方案，需包含上述信息要素，以实际设计为准。

三、学习过程评价

学习过程评价见表 4–2–4。

表 4–2–4　　学习过程评价表

班级		姓名		学号		日期	年　月　日
序号	评价要点				配分	得分	总评
1	能正确识读及填写工作页，明确学习活动要求				10		A□（86 ~ 100） B□（76 ~ 85） C□（60 ~ 75） D□（60 以下）
2	能查阅资料，积极收集与本学习活动相关的信息				10		
3	能正确描述工具、量具、仪器和设备的名称、种类、用途及其使用方法，并能正确使用				10		
4	能与其他组员合作制定工作方案				10		

续表

序号	评价要点	配分	得分	总评
5	能对车辆蓄电池进行检查，并正确记录检查数据	10		
6	能规范地对汽车玻璃清洗液、冷却液进行检查	10		
7	能正确检查轮胎状态并记录相关数据	10		
8	能遵守劳动纪律，以积极的态度接受工作任务	10		
9	能积极参与小组讨论，发挥团队合作精神	10		
10	能及时完成教师布置的任务	10		
总　分		100		
小结 建议				

学习活动 3　工作总结与评价

学习目标

1. 能分别制定车辆夏季、冬季重点检查内容实施的工作方案。

2. 能以小组形式，对学习过程和成果进行总结性汇报。

3. 能完成对学习过程的综合评价。

建议学时　2 学时

学习过程

一、工作总结

在世界技能大赛中，要求选手具有一定的组织规划、沟通、创新等能力，这在实际的生产工作中是十分必要的。以小组为单位，根据本学习任务所学内容，总结知识与技能要点，选择演示文稿、展板、海报、录像等形式中的一种或几种，向全班展示及汇报学习成果。

二、综合评价

针对本学习任务的学习情况，根据表 4-3-1 所列综合评价标准进行评分。

表 4-3-1　综合评价标准

评价项目	评价内容及标准	配分	评分		
			自我评价	小组评价	教师评价
			10%	30%	60%
组织和管理	团队合作，合理计划，高效管理时间	3			
	及时检查练习进展和效果	3			
	保证高质量完成练习	4			

续表

评价项目	评价内容及标准	配分	评分		
			自我评价	小组评价	教师评价
			10%	30%	60%
沟通能力	在模拟练习中准确理解客户需求	10			
	在模拟练习中准确回答客户疑问	10			
计划创新能力	及时处理练习中遇到的问题	10			
	提出创新性、可行性建议，提高学习效率	10			
专业知识	具备分析夏季汽车维护特点的能力	10			
	具备分析冬季汽车维护特点的能力	10			
实践能力	具备夏季汽车维护工作的技能	15			
	具备冬季汽车维护工作的技能	15			
学生姓名		综合评价得分			
指导教师		日期			

三、学习任务四整体评价

学习任务四整体评价见表 4–3–2。

表 4–3–2 学习任务四整体评价表

项目	自我评价			小组评价			教师评价		
	10～9	8～6	5～1	10～9	8～6	5～1	10～9	8～6	5～1
	占总评 10%			占总评 30%			占总评 60%		
学习活动 1									
学习活动 2									
协作精神									
纪律观念									
表达能力									
工作态度									
任务总体表现									
小计									
总评									

世赛知识

世界技能大赛办赛理念

世界技能大赛是青年人展示技能的舞台，旨在促进青年技能劳动者职业能力的提升，促进世界各个国家和地区在职业技能领域的合作与交流，促进职业技能的推广。竞技不是目的，相互交流和提高才是根本。世界技能大赛的办赛理念具体包括：

◇推广职业教育、技工教育和职业培训（technical and vocational education and training，TVET）。

◇促进职业教育、技工教育和职业培训信息交流。

◇促进成员国家和地区之间年轻技术人员及培训人员的经验交流与合作。

◇提高社会对技术人才及职业教育、技工教育和职业培训的重视。

世界技能大赛秉承开放办赛、客观公正的宗旨。

附　　录

附录 1　新车交接检查设计方案

专业名称	汽车维修	一体化课程名称	汽车维护
学习任务一	新车交接检查	授课时数	48
工作情境描述	新车在售出前，需要进行车辆交付前的外观、性能等检查，确认新车是否符合交付要求。经派工，某维修工人接受新车检查任务，准备相关的工具和表格，在规定的交车时间内完成相应项目的检查，确认各项功能是否正常，填写表格并签字，确保车辆符合出厂标准		
学习任务描述	在学习活动 1 中，学生在教师引导下学习汽车维修企业岗位认知的内容，通过走访客户或查阅资料等方法，了解汽车维修企业的类型和特点；调研汽车维修企业，了解汽车维修企业的业务范围、服务流程、设施和设备等内容，为后续学习活动打下良好的理论基础 在学习活动 2 中，学生在教师引导下学习汽车整车认知的内容，能查找相关国家标准，了解汽车的定义；了解汽车的分类标准并掌握汽车的类型；能对照实际车辆，掌握汽车的总体构造和部件功能 在学习活动 3 中，学生在教师引导下学习新车检查前准备的内容，能根据任务正确准备材料、设备和工具；能查阅维修（使用）手册，列举新车检查项目；能正确使用新车检查作业的工具、量具、仪器和设备 在学习活动 4 中，学生在教师引导下学习新车检查作业——车内作业的内容，能查阅车辆维修手册和使用手册，制定新车车内作业工作方案；能按照新车检查项目在规定时间内识别车内功能部件，进行新车车内及部分功能检查 在学习活动 5 中，学生在教师引导下学习新车检查作业——车外作业的内容，能描述新车检查作业所需的工具、量具、仪器、设备的名称、种类、用途和使用方法，并能正确使用；能查阅车辆维修手册和使用手册，制定新车车外作业工作方案；能按照新车检查项目，在规定时间内进行新车车外及部分功能检查 在学习活动 6 中，学生总结本次工作经验，并对自己的学习活动进行正确评价 在学习过程中，学生能按教师要求严格执行每个工作步骤，证明学生已掌握汽车维护的工作步骤、工作思维、工作方法		
与其他学习任务的关系	该学习任务是《汽车维护》一体化课程的第一个任务，进行此学习任务，为下一步学习任务的完成打下基础		
学生基础	具有基本的车辆维修手册和维修资料的阅读能力；有一定的安全文明生产、环保管理、“6S”管理习惯及沟通合作等意识		
学习目标	1. 能通过走访客户或查阅资料等方法，了解汽车维修企业的类型和特点 2. 能调研汽车维修企业，了解汽车维修企业的业务范围 3. 能识别工作环境的安全标志 4. 能严格遵守安全规章制度，规范穿戴工作服和劳动防护用品 5. 能了解企业环保要求，树立正确的废弃物处理观念 6. 能按照“6S”现场管理要求，对一体化学习工作站的工具、设备、场地等进行管理 7. 能查找相关国家标准，了解汽车的定义、分类标准、类型等信息		

续表

学习目标	8. 能对照实际车辆，描述汽车总体构造和部件功能 9. 能识读交车前检查单，并查阅车辆使用手册，列举新车检查的内容与作业流程 10. 能描述新车检查作业所需的材料、工具、量具、仪器、设备的名称、种类、用途和使用方法，并能正确使用 11. 能按照新车检查项目，在规定时间内进行汽车外观和功能检查 12. 能主动获取有效信息，展示工作成果，对学习与工作进行总结及反思 13. 能与他人进行有效沟通及合作
学习内容	1. 汽车维修的基本概念 2. 4S 店的基本概念和相关规章制度 3. 汽车维修车间安全案例分析 4. 汽车的定义和分类 5. 车辆识别代码 6. 汽车总体结构的认知 7. 新车检查前准备内容 8. 检查单的认识 9. 汽车灯控开关的位置和功能 10. 汽车点火开关的位置和功能 11. 汽车辅助电气开关的位置和功能 12. 汽车灯光的检查 13. 车辆外观漆面的检查 14. 刮水器的检查
教学条件	1. 教学场地：教室、多媒体教室、实训车间 2. 设备：车辆、车间常用设备、多媒体设备等 3. 工具：通用工具、汽车维护及检查工具 4. 防护用品：防护眼镜、抹布、工作服、工作帽 5. 资料：工作页、维修手册、评价表、安全操作规程等 6. 材料：修理包、工单、配件等
教学组织形式	1. 根据学习任务活动内容和班级人数进行小组分工，并确定负责人 2. 根据学习任务活动环节，积极引导学生分析学习任务，明确学习重点和难点 3. 对学习活动中的重点和难点，教师进行分析、操作演示和现场指导，帮助学生掌握 4. 以情境模拟的形式，教师安排学生扮演角色，从资料室领取相关维修手册、工作页、工具和量具等 5. 以情境模拟的形式，教师安排学生扮演角色，严格按照“6S”管理要求，清扫、整理、维护及保养实训车辆、实训台架等设备 6. 教师组织学生以小组或个人形式进行分析及总结，汇报学习成果
教学流程与活动	1. 汽车维修企业岗位认知（4 学时） 2. 汽车整车认知（6 学时） 3. 新车检查前准备（4 学时） 4. 新车检查作业——车内作业（24 学时） 5. 新车检查作业——车外作业（6 学时） 6. 工作总结与评价（4 学时）
评价内容与标准	1. 能正确完成新车交接检查工作页中的问题 2. 能识读交车前检查单并查阅车辆使用手册，列举新车检查的内容与作业流程 3. 能自觉遵守实训车间安全操作规定、安全生产制度、环保管理制度以及“6S”管理规定 4. 能描述 4S 店的基本概念和相关规章制度 5. 能全面总结，具备完成检查作业的能力，善于沟通，积极养成融入企业等职业素养

教学活动策划

教学活动	关键能力	学生学习活动	教师活动	学习内容	资源	评价点	学时	地点
学习活动1：汽车维修企业岗位认知	资料查阅能力、岗位认知能力	1. 以情境模拟的形式导入本学习活动的学习目标 2. 学习汽车维修企业的类型和特点 3. 学习工作环境的安全标志 4. 学习企业环保要求，树立正确的废弃物处理观念 5. 学习“6S”现场管理要求及内涵 6. 自评及小组互评	1. 工作页准备和发放 2. 讲解工作页要求 3. 布置工作页相关信息收集任务 4. 指导学生完成工作页 5. 检查学生学习任务完成情况和成果 6. 对学生学习过程进行评价	1. 汽车维修的基本概念 2. 4S店的基本概念和相关规章制度 3. 汽车维修车间安全案例分析	1. 工作页 2. 维修手册 3. 知识点视频 4. 互联网	1. 工作页 2. 阅读能力 3. 专业术语 4. 表达方法 5. 小组活动	4	一体化教室
学习活动2：汽车整车认知	规范养成意识、现场管理能力	1. 以情境模拟的形式导入本学习活动的学习目标 2. 查找相关国家标准，了解汽车的定义 3. 学习汽车的分类标准 4. 学习汽车的总体构造和部件功能 5. 学习汽车各功能开关的名称、位置和功用 6. 自评及小组互评	1. 工作页准备和发放 2. 讲解工作页要求 3. 布置工作页相关信息收集任务 4. 指导学生完成工作页 5. 检查学生学习任务完成情况和成果 6. 对学生学习过程进行评价	1. 汽车的定义和分类 2. 车辆识别代码 3. 汽车总体结构的认知	1. 工作页 2. 维修手册 3. 操作视频 4. 互联网	1. 工作页 2. 阅读能力 3. 专业术语 4. 表达方法 5. 小组活动 6. “6S”管理	6	实训车间

续表

教学活动	关键能力	学生学习活动	教师活动	学习内容	资源	评价点	学时	地点
学习活动3：新车检查前准备	独立操作能力、资料分析能力	1. 以情境模拟的形式导入本学习活动的学习目标 2. 根据任务正确准备材料、设备和工具 3. 能查阅维修（使用）手册，列举新车检查项目 4. 正确使用新车检查作业的工具、量具、仪器和设备 5. 自评及小组互评	1. 工作页准备和发放 2. 讲解工作页要求 3. 布置工作页相关信息收集任务 4. 指导学生完成工作页 5. 检查学生学习任务完成情况和成果 6. 对学生学习过程进行评价	1. 新车检查前准备内容 2. 检查单的认识	1. 工作页 2. 维修手册 3. 操作视频 4. 互联网	1. 工作页 2. 阅读能力 3. 专业术语 4. 表达方法 5. 小组活动 6. “6S”管理	4	实训车间
学习活动4：新车检查作业——车内作业	标准执行能力、归纳总结能力	1. 以情境模拟的形式导入本学习活动的学习目标 2. 能查阅车辆维修手册和使用手册，制定新车车内作业工作方案 3. 能按照新车检查项目在规定时间内识别车内功能部件，进行新车车内及部分功能检查 4. 能与其他人员进行有效交流和合作 5. 自评及小组互评	1. 工作页准备和发放 2. 讲解工作页要求 3. 布置工作页相关信息收集任务 4. 指导学生完成工作页 5. 检查学生学习任务完成情况和成果 6. 对学生学习过程进行评价	1. 汽车灯控开关的位置和功能 2. 汽车点火开关的位置和功能 3. 汽车辅助电气开关的位置和功能	1. 工作页 2. 维修手册 3. 操作视频 4. 互联网	1. 工作页 2. 阅读能力 3. 专业术语 4. 表达方法 5. 小组活动 6. “6S”管理	24	实训车间

续表

教学活动	关键能力	学生学习活动	教师活动	学习内容	资源	评价点	学时	地点
学习活动5：新车检查作业——车外作业	动手能力、安全意识	1. 以情境模拟的形式导入本学习活动的学习目标 2. 能描述新车检查作业所需的工具、量具、仪器、设备的名称、种类、用途和使用方法，并能正确使用 3. 能查阅车辆维修手册和使用手册，制定新车车外作业工作方案 4. 能按照新车检查项目，在规定时间内进行新车车外及部分功能检查 5. 能描述新车交接检查作业服务流程，并与相关人员进行有效交流和情况反馈。	1. 工作页准备和发放 2. 讲解工作页要求 3. 布置工作页相关信息收集任务 4. 指导学生完成工作页 5. 检查学生学习任务完成情况和成果 6. 对学生学习过程进行评价	1. 汽车灯光的检查 2. 车辆外观漆面的检查 3. 刮水器的检查	1. 工作页 2. 维修手册 3. 操作视频 4. 互联网	1. 工作页 2. 阅读能力 3. 专业术语 4. 表达方法 5. 小组活动 6. “6S”管理	6	实训车间
学习活动6：工作总结与评价	总结及表达能力	1. 现场展示学习成果并进行总结 2. 现场讨论新车交接检查设计方案 3. 自评及小组互评 4. 正确完成工作页	1. 指导学生总结及表述 2. 对学生学习环节进行综合评价 3. 对学生学习环节进行整体评价	1. 工作总结 2. 综合评价	工作页	1. 经验总结 2. 表达方法 3. 工作页	4	一体化教室

附录 2　汽车首次维护设计方案

专业名称	汽车维修	一体化课程名称	汽车维护
学习任务二	汽车首次维护	授课时数	50
工作情境描述	某客户的新速腾轿车已行驶 7 500 km，按使用手册要求进行首次维护。维修接待员与客户确认首次维护信息后，向客户承诺 45 min 交车，并向车间递交维护工单。车间派工员安排维修工，按照维修手册要求在规定时间内完成首次维护作业，并交由班组长进行验收后交车		
学习任务描述	在学习活动 1 中，学生在教师引导下学习汽车维护接待工作的内容，能描述维护接待的流程和规范；能描述车辆预检内容和操作方法；能识读与填写首次维护接车单、派工单 在学习活动 2 中，学生在教师引导下学习首次维护准备工作；能描述首次维护用品的名称、规格、牌号并能正确选择；能描述首次维护所需的工具、量具、仪器和设备的名称、种类、用途及其使用方法，并能正确使用 在学习活动 3 中，学生在教师引导下学习首次维护车辆外部检查；能描述首次维护车辆外部检查内容；能描述首次维护车辆外部检查方法；能掌握车辆外部检查用工具和量具的使用方法，了解工具和量具使用安全事项 在学习活动 4 中，学生在教师引导下学习首次维护发动机舱检查与维护；能使用维修手册，确定首次维护发动机舱检查项目；能正确检查冷却液；能正确选择及更换机油；能正确完成发动机进气系统的检查与维护；能正确完成发动机点火系统的检查与维护；能正确完成蓄电池和熔丝的检查与维护；能正确完成发动机舱其他项目的检查与维护 在学习活动 5 中，学生在教师引导下学习首次维护车舱内检查与维护；能识读与填写首次维护车舱内检查单、派工单；能正确使用作业所需的工具和设备；能掌握首次维护车舱内检查的项目和操作流程 在学习活动 6 中，学生在教师引导下学习首次维护车底检查与维护；能正确使用作业所需的工具和设备；能识读与填写首次维护车底检查单、派工单；能规范进行首次维护车底各项目的检查及维护 在学习活动 7 中，学生总结本次工作经验，并对自己的学习活动进行正确评价 在学习过程中，学生能按教师要求严格执行每个工作步骤，证明学生已掌握汽车维护的工作步骤、工作思维、工作方法		
与其他学习任务的关系	该学习任务是《汽车维护》一体化课程的第二个任务，进行此学习任务，为下一步学习任务的完成打下基础		
学生基础	具有基本的车辆维修手册和维修资料的阅读能力；有一定的安全文明生产、环保管理、“6S”管理习惯及沟通合作等意识		
学习目标	1. 能查阅维修手册，列举车辆首次维护的维护项目并制定作业方案 2. 能描述首次维护用品的名称、规格、牌号并能正确选择 3. 能描述车辆首次维护所需的工具、量具、仪器和设备的名称、种类、用途及其使用方法，并能正确使用 4. 能按照汽车维修服务流程进行汽车维护接待工作 5. 能识读与填写首次维护接车单，签字明确工作责任，且内容齐全，外观整洁 6. 能熟练按照作业方案完成车辆首次维护作业 7. 能正确处理维护后的废液和其他物质，执行工作场所的“6S”管理要求 8. 能描述车辆交付条件与注意事项，并按规定交付车辆 9. 能与客户和其他工作人员进行有效沟通及配合		

续表

学习内容	1. 维护接待的流程和规范 2. 填写接车单 3. 工具、量具、仪器、设备的作用和使用方法 4. 机油的正确选择 5. 首次维护车辆外部检查内容 6. 检查方法 7. 检查记录 8. 首次维护发动机舱检查项目 9. 发动机舱检查方法 10. 座椅和安全带的检查 11. 转向盘的检查 12. 仪表的检查 13. 喇叭的检查 14. 灯光的检查 15. 空调的检查 16. 车窗和天窗的检查 17. 中控门锁和儿童锁的检查 18. 多媒体影音系统的检查 19. 行车制动系统与驻车制动系统的检查 20. 车下的外观检查 21. 螺栓的检查及紧固 22. 制动系统的检查
教学条件	1. 教学场地：教室、多媒体教室、实训车间 2. 设备：车辆、车间常用设备、多媒体设备等 3. 工具：通用工具、汽车维护及检查工具 4. 防护用品：防护眼镜、抹布、工作服、工作帽 5. 资料：工作页、维修手册、评价表、安全操作规程等 6. 材料：修理包、工单、配件等
教学组织形式	1. 根据学习任务活动内容和班级人数进行小组分工，并确定负责人 2. 根据学习任务活动环节，积极引导学生分析学习任务，明确学习重点和难点 3. 对学习活动中的重点和难点，教师进行分析、操作演示和现场指导，帮助学生掌握 4. 以情境模拟的形式，教师安排学生扮演角色，从资料室领取相关维修手册、工作页、工具和量具等 5. 以情境模拟的形式，教师安排学生扮演角色，严格按照“6S”管理要求，清扫、整理、维护及保养实训车辆、实训台架等设备 6. 教师组织学生以小组或个人形式进行分析及总结，汇报学习成果
教学流程与活动	1. 维护接待工作（4 学时） 2. 首次维护准备工作（6 学时） 3. 首次维护车辆外部检查（6 学时） 4. 首次维护发动机舱检查与维护（12 学时） 5. 首次维护车舱内检查与维护（12 学时） 6. 首次维护车底检查与维护（6 学时） 7. 工作总结与评价（4 学时）
评价内容与标准	1. 能查阅维修手册，列举车辆首次维护的维护项目并制定作业方案 2. 能正确执行汽车维修接待流程和操作规范 3. 能按照汽车维修服务流程进行汽车维护接待工作 4. 能识读及填写首次维护接车单，签字明确工作责任，且内容齐全、外观整洁 5. 能正确处理维护后的废液和其他物质，执行工作场所的“6S”管理要求 6. 能与客户和其他工作人员进行有效沟通和配合

教学活动策划

教学活动	关键能力	学生学习活动	教师活动	学习内容	资源	评价点	学时	地点
学习活动1：维护接待工作	资料查阅能力、岗位胜任能力	1. 以情境模拟的形式导入本学习活动的学习目标 2. 学习维护接待的流程和规范 3. 学习车辆预检内容和操作方法 4. 学习识读与填写首次维护接车单、派工单 5. 自评及小组互评	1. 工作页准备和发放 2. 讲解工作页要求 3. 布置工作页相关信息收集任务 4. 指导学生完成工作页 5. 检查学生学习任务完成情况和成果 6. 对学生学习过程进行评价	1. 维护接待的流程和规范 2. 填写接车单	1. 工作页 2. 维修手册 3. 知识点视频 4. 互联网	1. 工作页 2. 阅读能力 3. 专业术语 4. 表达方法 5. 小组活动	4	一体化教室
学习活动2：首次维护准备工作	规范养成意识、现场管理能力	1. 以情境模拟的形式导入本学习活动的学习目标 2. 学习首次维护用品的名称、规格、牌号并能正确选择。 3. 学习首次维护所需的工具、量具、仪器和设备的名称、种类、用途及其使用方法，并能正确使用 4. 自评及小组互评	1. 工作页准备和发放 2. 讲解工作页要求 3. 布置工作页相关信息收集任务 4. 指导学生完成工作页 5. 检查学生学习任务完成情况和成果 6. 对学生学习过程进行评价	1. 工具、量具、仪器、设备的作用和使用方法 2. 机油、机油滤清器的正确选择	1. 工作页 2. 维修手册 3. 操作视频 4. 互联网	1. 工作页 2. 阅读能力 3. 专业术语 4. 表达方法 5. 小组活动 6. “6S”管理	6	实训车间

续表

教学活动	关键能力	学生学习活动	教师活动	学习内容	资源	评价点	学时	地点
学习活动3：首次维护车辆外部检查	独立操作能力、资料分析能力	1. 以情境模拟的形式导入本学习活动的学习目标 2. 学习首次维护车辆外部检查内容 3. 学习首次维护车辆外部检查方法 4. 学习车辆外部检查用工具和量具的使用方法，了解工具和量具使用安全事项 5. 自评及小组互评	1. 工作页准备和发放 2. 讲解工作页要求 3. 布置工作页相关信息收集任务 4. 指导学生完成工作页 5. 检查学生学习任务完成情况和成果 6. 对学生学习过程进行评价	1. 首次维护车辆外部检查内容 2. 检查方法 3. 检查记录	1. 工作页 2. 维修手册 3. 操作视频 4. 互联网	1. 工作页 2. 阅读能力 3. 专业术语 4. 表达方法 5. 小组活动 6. “6S”管理	6	实训车间
学习活动4：首次维护发动机舱检查与维护	标准执行能力、安全意识	1. 以情境模拟的形式导入本学习活动的学习目标 2. 学习使用维修手册，确定首次维护发动机舱检查项目 3. 学习检查冷却液 4. 学习选择及更换机油 5. 学习发动机进气系统的检查与维护 6. 学习发动机点火系统的检查与维护 7. 学习蓄电池和熔丝的检查与维护 8. 学习发动机舱其他项目的检查与维护 9. 自评及小组互评	1. 工作页准备和发放 2. 讲解工作页要求 3. 布置工作页相关信息收集任务 4. 指导学生完成工作页 5. 检查学生学习任务完成情况和成果 6. 对学生学习过程进行评价	1. 首次维护发动机舱检查项目 2. 发动机舱检查方法	1. 工作页 2. 维修手册 3. 操作视频 4. 互联网	1. 工作页 2. 阅读能力 3. 专业术语 4. 表达方法 5. 小组活动 6. “6S”管理	12	实训车间

续表

教学活动	关键能力	学生学习活动	教师活动	学习内容	资源	评价点	学时	地点
学习活动5：首次维护车舱内检查与维护	动手能力、归纳总结能力	1. 以情境模拟的形式导入本学习活动的学习目标 2. 学习识读与填写首次维护车舱内检查单、派工单 3. 学习使用作业所需的工具和设备 4. 学习首次维护车舱内检查的项目和操作流程	1. 工作页准备和发放 2. 讲解工作页要求 3. 布置工作页相关信息收集任务 4. 指导学生完成工作页 5. 检查学生学习任务完成情况和成果 6. 对学生学习过程进行评价	1. 座椅和安全带的检查 2. 转向盘的检查 3. 仪表的检查 4. 喇叭的检查 5. 灯光的检查 6. 空调的检查 7. 车窗和天窗的检查 8. 中控门锁和儿童锁的检查 9. 多媒体影音系统的检查 10. 行车制动系统与驻车制动系统的检查	1. 工作页 2. 维修手册 3. 操作视频 4. 互联网	1. 工作页 2. 阅读能力 3. 专业术语 4. 表达方法 5. 小组活动 6. “6S”管理	12	实训车间
学习活动6：首次维护车底检查与维护	发现问题能力、问题分析能力	1. 以情境模拟的形式导入本学习活动的学习目标 2. 学习使用作业所需的工具和设备 3. 学习识读与填写首次维护车底检查单、派工单 4. 学习规范进行首次维护车底各项目的检查及维护	1. 工作页准备和发放 2. 讲解工作页要求 3. 布置工作页相关信息收集任务 4. 指导学生完成工作页 5. 检查学生学习任务完成情况和成果 6. 对学生学习过程进行评价	1. 车下的外观检查 2. 螺栓的检查及紧固 3. 制动系统的检查	1. 工作页 2. 维修手册 3. 操作视频 4. 互联网	1. 工作页 2. 阅读能力 3. 专业术语 4. 表达方法 5. 小组活动 6. “6S”管理	6	实训车间
学习活动7：工作总结与评价	总结及表达能力	1. 现场展示学习成果并进行总结 2. 现场讨论汽车首次维护设计方案 3. 自评及小组互评 4. 正确完成工作页	1. 指导学生总结及表述 2. 对学生学习环节进行综合评价 3. 对学生学习环节进行整体评价	1. 自我总结、 2. 表述方法	工作页	1. 经验总结 2. 表达方法 3. 工作页	4	一体化教室

附录3　汽车 40 000 km 维护设计方案

专业名称	汽车维修	一体化课程名称	汽车维护
学习任务三	汽车 40 000 km 维护	授课时数	36
工作情境描述	某客户驾驶已行驶 40 000 km 的新速腾轿车进店做维护。维修接待员与客户确认维护信息后，向客户承诺 4 h 交车，并向车间递交维护工单，维修人员按照保养手册要求在规定时间内完成 40 000 km 维护作业，并交由班组长进行验收后交车		
学习任务描述	在学习活动 1 中，学生在教师引导下学习查找 40 000 km 维护新增项目的内容，能查阅相关资料找出车辆 40 000 km 维护项目；能查阅相关资料找出车辆 40 000 km 新增维护项目 在学习活动 2 中，学生在教师引导下学习实施 40 000 km 新增维护项目的内容；能叙述火花塞的作用、结构、间隙、类型，并能正确选择火花塞；能正确判断火花塞的故障现象，并能更换火花塞；能正确更换多楔带；能正确选择及更换冷却液；能描述燃油滤清器的作用和安装位置；能正确更换燃油滤清器；能正确选择及更换制动液。能正确选择及使用工具 在学习活动 3 中，学生总结本次工作经验，并对自己的学习活动进行正确评价 在学习过程中，学生能按教师要求严格执行每个工作步骤，证明学生已掌握汽车维护的工作步骤、工作思维、工作方法		
与其他学习任务的关系	该学习任务是《汽车维护》一体化课程的第三个任务，进行此学习任务，为下一步学习任务的完成打下基础		
学生基础	具有基本的车辆维修手册和维修资料的阅读能力；有一定的安全文明生产、环保管理、“6S”管理习惯及沟通合作等意识		
学习目标	1. 能查阅保养手册，列举出车辆 40 000 km 维护项目，并能区分出 40 000 km 新增维护项目 2. 能描述 40 000 km 新增维护项目所用工具、量具、仪器和设备的名称、种类、用途及其使用方法 3. 能叙述火花塞的作用、结构、间隙、类型，并能正确选择火花塞 4. 能正确判断火花塞的故障现象，并能更换火花塞 5. 能正确更换多楔带 6. 能正确选择及更换冷却液 7. 能叙述燃油滤清器的作用、安装位置、结构特点，能更换燃油滤清器 8. 能叙述制动液的作用、类型、特点，并能更换制动液 9. 能对维修场地设备进行日常维护及保养，按现场“6S”管理规定清理现场 10. 能查阅资料，完成维修工单、工作页的填写 11. 能展示工作成果，进行任务评价，总结工作经验，优化检修方案 12. 能在作业过程中严格执行企业操作规范、安全生产制度、环保管理制度以及“6S”管理规定，严格遵守从业人员的职业道德，具有吃苦耐劳、爱岗敬业的工作态度和职业责任感		

续表

学习内容	1. 查找 40 000 km 维护项目 2. 查找 40 000 km 维护新增项目 3. 火花塞的检查与更换 4. 多楔带的检查与更换 5. 冷却液的更换 6. 燃油滤清器的更换 7. 制动液的更换
教学条件	1. 教学场地：教室、多媒体教室、实训车间 2. 设备：车辆、车间常用设备、多媒体设备等 3. 工具：通用工具、汽车维护及检查工具 4. 防护用品：防护眼镜、抹布、工作服、工作帽 5. 资料：工作页、维修手册、评价表、安全操作规程等 6. 材料：修理包、工单、配件等
教学组织形式	1. 根据学习任务活动内容和班级人数进行小组分工，并确定负责人 2. 根据学习任务活动环节，积极引导学生分析学习任务，明确学习重点和难点 3. 对学习活动中的重点和难点，教师进行分析、操作演示和现场指导，帮助学生掌握 4. 以情境模拟的形式，教师安排学生扮演角色，从资料室领取相关维修手册、工作页、工具和量具等 5. 以情境模拟的形式，教师安排学生扮演角色，严格按照“6S”管理要求，清扫、整理、维护及保养实训车辆、实训台架等设备 6. 教师组织学生以小组或个人形式进行分析及总结，汇报学习成果
教学流程与活动	1. 查找 40 000 km 新增维护项目（4 学时） 2. 实施 40 000 km 新增维护项目（30 学时） 3. 工作总结与评价（2 学时）
评价内容与标准	1. 能查阅保养手册，列举出车辆 40 000 km 维护项目，并能区分出 40 000 km 新增维护项目 2. 能叙述火花塞的作用、结构、间隙、类型，能判断火花塞的故障现象，并能正确选择及更换火花塞 3. 能正确更换多楔带 4. 能正确选择及更换冷却液 5. 能叙述燃油滤清器的作用、安装位置、结构特点，能更换燃油滤清器 6. 能在作业过程中严格执行企业操作规范、安全生产制度、环保管理制度以及“6S”管理规定，严格遵守从业人员的职业道德，具有吃苦耐劳、爱岗敬业的工作态度和职业责任感

教学活动策划

教学活动	关键能力	学生学习活动	教师活动	学习内容	资源	评价点	学时	地点
学习活动1：查找40 000 km新增维护项目	资料整理能力、工艺标准执行能力	1. 以情境模拟的形式导入本学习活动的学习目标 2. 能查阅相关资料找出车辆40 000 km维护项目 3. 能查阅相关资料找出车辆40 000 km新增维护项目 4. 自评及小组互评	1. 工作页准备和发放 2. 讲解工作页要求 3. 布置工作页相关信息收集任务 4. 指导学生完成工作页 5. 检查学生学习任务完成情况和成果 6. 对学生学习过程进行评价	1. 查找40 000 km维护项目 2. 查找40 000 km新增维护项目	1. 工作页 2. 维修手册 3. 知识点视频 4. 互联网	1. 工作页 2. 阅读能力 3. 专业术语 4. 表达方法 5. 小组活动	4	一体化教室
学习活动2：实施40 000 km新增维护项目	规范操作流程、问题分析能力	1. 以情境模拟的形式导入本学习活动的学习目标 2. 能叙述火花塞的作用、结构、间隙、类型，并能正确选择火花塞 3. 能正确判断火花塞的故障现象，并能更换火花塞 4. 能正确更换多楔带 5. 能正确选择及更换冷却液 6. 能描述燃油滤清器的作用和安装位置 7. 能正确更换燃油滤清器 8. 能正确选择及更换制动液 9. 能正确选择及使用工具 10. 自评及小组互评	1. 工作页准备和发放 2. 讲解工作页要求 3. 布置工作页相关信息收集任务 4. 指导学生完成工作页 5. 检查学生学习任务完成情况和成果 6. 对学生学习过程进行评价	1. 火花塞的检查与更换 2. 多楔带的检查与更换 3. 冷却液的更换 4. 燃油滤清器的更换 5. 制动液的更换	1. 工作页 2. 维修手册 3. 操作视频 4. 互联网	1. 工作页 2. 阅读能力 3. 专业术语 4. 表达方法 5. 小组活动 6. “6S”管理	30	实训车间
学习活动3：工作总结与评价	总结及表达能力	1. 现场展示学习成果并进行总结 2. 现场讨论汽车40 000 km维护设计方案 3. 自评及小组互评 4. 正确完成工作页	1. 指导学生总结及表述 2. 对学生学习环节进行综合评价 3. 对学生学习环节进行整体评价	1. 工作总结 2. 综合评价	工作页	1. 经验总结 2. 表达方法 3. 工作页	2	一体化教室

附录4　汽车季节性维护设计方案

<table>
<tr><td>专业名称</td><td>汽车维修</td><td>一体化课程名称</td><td colspan="2">汽车维护</td></tr>
<tr><td>学习任务四</td><td>汽车季节性维护</td><td colspan="2">授课时数</td><td>30</td></tr>
<tr><td>工作情境描述</td><td colspan="4">某客户的新速腾轿车已行驶24 000 km，按照计划到店进行常规维护。时逢夏季（冬季），维修人员针对季节性维护特点进行了更加深入的检查，检查过程中发现问题与故障，并有针对性地进行维修和调整作业</td></tr>
<tr><td>学习任务描述</td><td colspan="4">在学习活动1中，学生在教师引导下学习夏季车况特点与维护的内容，能根据夏季车辆的使用特点制定夏季维护方案；能识读与填写维护工单；能正确进行车辆夏季保养相关作业；能在学习和工作过程中与他人进行有效沟通和配合
在学习活动2中，学生在教师引导下学习冬季车况特点与维护的内容；能正确识读维护工单；能根据冬季车辆的使用特点制定作业方案；能正确进行车辆冬季检查、维护相关作业；能在学习和工作过程中与他人进行有效沟通和配合
在学习活动3中，学生总结本次工作经验，并对自己的学习活动进行正确评价
在学习过程中，学生能按教师要求严格执行每个工作步骤，证明学生已掌握汽车维护的工作步骤、工作思维、工作方法</td></tr>
<tr><td>与其他学习任务的关系</td><td colspan="4">该学习任务是《汽车维护》一体化课程的第四个任务，完成此学习任务，进行总结工作，提升学生综合素质</td></tr>
<tr><td>学生基础</td><td colspan="4">具有基本的车辆维修手册和维修资料的阅读能力；有一定的安全文明生产、环保管理、“6S”管理习惯及沟通合作等意识</td></tr>
<tr><td>学习目标</td><td colspan="4">1. 能查阅维修手册，对相应的季节性维护项目进行描述并制定作业流程
2. 能描述工具、量具、仪器和设备的名称、种类、用途及其使用方法，并能正确使用
3. 能按照汽车维修技术资料对季节性维护中检查、调整、维修的内容进行标准化作业
4. 能正确处理维护后的废液和其他物质，执行工作场所的“6S”管理要求
5. 能描述车辆交付条件与注意事项，并按规定交付车辆
6. 根据工作需要，能与客户和同事进行有效沟通及工作配合</td></tr>
</table>

续表

学习内容	1. 夏季环境特点及对车辆的影响 2. 制定车辆夏季维护方案 3. 冬季环境特点及对车辆的影响 4. 制定车辆冬季维护方案
教学条件	1. 教学场地：教室、多媒体教室、实训车间 2. 设备：车辆、车间常用设备、多媒体设备等 3. 工具：通用工具、汽车维护及检查工具 4. 防护用品：防护眼镜、抹布、工作服、工作帽 5. 资料：工作页、维修手册、评价表、安全操作规程等 6. 材料：修理包、工单、配件等
教学组织形式	1. 根据学习任务活动内容和班级人数进行小组分工，并确定负责人 2. 根据学习任务活动环节，积极引导学生分析学习任务，明确学习重点和难点 3. 对学习活动中的重点和难点，教师进行分析、操作演示和现场指导，帮助学生掌握 4. 以情境模拟的形式，教师安排学生扮演角色，从资料室领取相关维修手册、工作页、工具和量具等 5. 以情境模拟的形式，教师安排学生扮演角色，严格按照“6S”管理要求，清扫、整理、维护及保养实训车辆、实训台架等设备 6. 教师组织学生以小组或个人形式进行分析及总结，汇报学习成果
教学流程与活动	1. 夏季车况特点与维护（16 学时） 2. 冬季车况特点与维护（12 学时） 3. 工作总结与评价（2 学时）
评价内容与标准	1. 能查阅维修手册，对相应的季节性维护项目进行描述并制定作业流程 2. 能描述工具、量具、仪器和设备的名称、种类、用途及其使用方法，并能正确使用 3. 能按照汽车维修技术资料对季节性维护中检查、调整、维修的内容进行标准化作业 4. 能描述车辆交付条件与注意事项，并按规定交付车辆 5. 根据工作需要，能与客户和同事进行有效沟通及工作配合

教学活动策划

教学活动	关键能力	学生学习活动	教师活动	学习内容	资源	评价点	学时	地点
学习活动1：夏季车况特点与维护	规范操作流程、问题分析能力	1. 以情境模拟的形式导入本学习活动的学习目标 2. 学习根据夏季车辆的使用特点制定夏季维护方案 3. 学习识读与填写维护工单 4. 学习正确进行车辆夏季保养相关作业 5. 学生能在学习和工作过程中与他人进行有效沟通和配合 6. 自评及小组互评	1. 工作页准备和发放 2. 讲解工作页要求 3. 布置工作页相关信息收集任务 4. 指导学生完成工作页 5. 检查学生学习任务完成情况和成果 6. 对学生学习过程进行评价	1. 夏季环境特点及对车辆的影响 2. 制定车辆夏季维护方案	1. 工作页 2. 维修手册 3. 知识点视频 4. 互联网	1. 工作页 2. 阅读能力 3. 专业术语 4. 表达方法 5. 小组活动	16	实训车间
学习活动2：冬季车况特点与维护	规范操作流程、问题分析能力	1. 以情境模拟的形式导入本学习活动的学习目标 2. 学习正确识读维护工单 3. 学习根据冬季车辆的使用特点制定冬季维护方案 4. 学习正确进行车辆冬季检查、维护相关作业 5. 学生能在学习和工作过程中与他人进行有效沟通和配合 6. 自评及小组互评	1. 工作页准备和发放 2. 讲解工作页要求 3. 布置工作页相关信息收集任务 4. 指导学生完成工作页 5. 检查学生学习任务完成情况和成果 6. 对学生学习过程进行评价	1. 冬季环境特点及对车辆的影响 2. 制定车辆冬季维护方案	1. 工作页 2. 维修手册 3. 操作视频 4. 互联网	1. 工作页 2. 阅读能力 3. 专业术语 4. 表达方法 5. 小组活动 6. “6S”管理	12	实训车间
学习活动3：工作总结与评价	总结及表达能力	1. 现场展示学习成果并进行总结 2. 现场讨论汽车季节性维护设计方案 3. 自评及小组互评 4. 正确完成工作页	1. 指导学生总结及表述 2. 对学生学习环节进行综合评价 3. 对学生学习环节进行整体评价	1. 工作总结 2. 综合评价	工作页	1. 经验总结 2. 表达方法 3. 工作页	2	一体化教室